珍奇植物 LIFE

ビザールプランツと暮らすアイデア

LIFE WITH BIZARRE PLANTS

日本文芸社

一章
珍奇植物と暮らすアイデア

サボテン、多肉植物編 5

Shabomaniac!	サボテン、多肉植物	6
米澤圭一郎	サボテン、多肉植物	12
conocono	コノフィツム	16
[コラム] コノフィツムを育てこなす／conocono		20
小久保一宏	サボテン、多肉植物	22
[コラム] ハオルシアの室内栽培／押尾武		26
北森翔太	パキポディウム	30
パキポディウムの接ぎ木／北森翔太		33
佐々木隆斗	サボテン、多肉植物	34
kebint	多肉植物、ビカクシダ、ブロメリア	38
珍奇植物から珍奇な庭へ／太田敦雄（ACID NATURE 乙庭）		42
外山友子	サボテン、多肉植物、ビカクシダ、着生ラン	44
竹内和美	サボテン、多肉植物	48
__luco	多肉植物、シダ	50
高倉直子	サボテン、多肉植物	52
usagi0908	サボテン、多肉植物	54
[コラム] 多肉植物と土／河野忠賢		56
[コラム] 肥料を使いこなす1／清水柾孝		58

二章
珍奇植物と暮らすアイデア

雨林植物、ラン、シダ編　　59

長谷圭祐	雨林植物、アグラオネマ、ベゴニア	60
渕上佳昭	アグラオネマ・ピクタム	64
［コラム］雨林植物入門／編集部		68
Plachang	ビカクシダ	70
飯田史よ	ビカクシダ	74
kemoziya	ビカクシダ	76
［コラム］ビカクシダ栽培の基礎知識／Plachang		78
石井佑基	ラン全般	82
谷亀高広	ラン全般	86
アームストロング恵	ラン	90
内村優	ラン	96
maria23	ラン	100
［コラム］肥料を使いこなす2／清水柾孝		102

三章
珍奇植物と働く

103

mignion maison（ミニヨン・メゾン ヘアサロン）	ビカクシダ	104
hair natty（ヘアナッティ ヘアサロン）	ティランジア	108
ÉCRU.（エクリュ コーヒー＆ワイン）	着生ラン	110
highland.（ハイランド ヘアサロン）	着生ラン	112
西冨家コロッケ店＆西冨なつき（コロッケ店、ステンドグラス作家）		114

四章
珍奇植物の鉢

119

TOKY	120
amane	122
かみ山陶器	124
［コラム］なぜ花が咲かないのか／清水柾孝	126

※本書では植物の名称については二名法に基づき、属名と種小名で記述することを基本とします。
※ただし、何属についての記述であるか前後の文脈から判断できる場合は、属名を省いていることがあります。
※文中で「P.グラキリウス」などとしてある「P.」は「パキポディウム Pachypodium」の略号です。
　同様に、プラティセリウム・ビフルカツム（Platycerium bifurcatum）も「P.ビフルカツム」と記述します。前後の文脈からご判断ください。
※植物の栽培する際には、各種法令、条例、集合住宅の規約などを遵守し、近隣の住民に配慮のうえ行ってください。
※記事中で紹介している栽培の様子はあくまで各個の実例の記録であり、必ずしもこれを推奨するものではありません。

一章

珍奇植物と暮らすアイデア

PART 1
LIFE
WITH
BIZARRE
PLANTS
~XEROPHYTE~

サボテン、多肉植物編

多くのサボテンや多肉植物、あるいは塊根植物が生きるのは
極度の乾燥や高温にさらされるなど、ほかの植物が住まないニッチな環境である。
そうした環境に生きるだけに、冬の低温や、根の加湿が苦手なものも少なくない。
そう思いきや、根が乾ききるのを嫌ったり、高い湿度を好むものもいたりする。
一癖も二癖もある植物の性質を見抜き、その種の好むところを見極めて育てこなす。
それもまた、珍奇植物を育てる楽しみ。

PART 1
LIFE
WITH BIZARRE PLANTS
~XEROPHYTE~

30年をかけて
良株をつくり
それでもまた、タネをまく

リビングルームの前にあるウッドデッキに広がる、多肉植物の群れ。いずれも手塩にかけて育てられている株ばかり。10年以上育てている株も少なくない。

Shabomaniac!

シャボマニアック！東京都在住
園芸・植物歴／35年
現在のおもな栽培植物／サボテン、多肉植物
Instagram／@shabomaniac　Blog／shabomaniac.blog13.fc2.com

キフォステンマやP.デカリーなどのコーデックス類が並ぶウッドデッキ。遮光なしで終日日が当たる環境。

30年をかけて
良株をつくり
それでもまた、タネをまく

世界最大の花を咲かせるといわれるプヤ・ライモンディ。知人から贈られたペルーの自生地採取種子からの実生株。

実生して8年経つパキポディウム・ウィンゾリー。枝も間延びせず、塊茎も締まった形に太っている。締めて育てるなら十分な日光が必要。

ガガイモ科らしいインパクトがある花を咲かせるホワイトスロアネア・クラサ。プセウドリトスにも通ずる岩石的な風貌が魅力。

Shabomaniac!

今もまき続ける年間1000粒の多肉植物のタネ

　小学生のころにサボテンのタネをまいたことから始まった、多肉植物・サボテンの栽培。今でも年間に1000粒のタネをまいているという。「タネをまいて開花させて、またタネを取る。そこまでのワンサイクルを経て、初めて自分のものになった気がする」のだという。

　ことさら変わった管理の仕方をするのではなく、基本に忠実に、環境を整えていくのが栽培の基本だという。「よく日に当て、適切な水管理。用土もポピュラーな配合です。サボテンは石灰岩の岩場に生えているからと、石灰などを配合することがありますが、必ずしも好成績には繋がりません。

　そういった場所に生えているサボテンであっても、よく育つのは弱酸性から中性の土壌。色々な用土配合を試してきましたが、結局は日照や温度湿度といった環境づくりが大切。植物は思いのほか土を選ばないと感じています」

実生から15年余りのP・グラキリウス。「夏場は屋外で栽培すると、太く丈低く育ちます。カットされる紫外線量に関係があるのか、ガラス温室よりもビニール温室、ビニール温室より屋外が好成績です」

ペディオカクタス 飛鳥、斑鳩の群像。すべて実生正木苗。いわゆる北米産難物サボテンは風通しのよい専用温室で栽培している。

30年をかけて
良株をつくり
それでもまた、タネをまく

ヤトロファ sp.。ソマリア産の古い山木。「ヤトロファではあるんですが、未命名種のよう。おそらく、国内にほとんど入っていない種だと思います」

小苗のうちは密植気味の管理で徒長しても、あとから締めて育てれば姿よく育つという。

4坪の温室。この一角には、南米産のオプンチアが集められている。強棘類の置き場は無遮光で、サボテンがよく日に当たる環境になっている。

実生して2か月ほどのオペルクリカリア・パキプス。このほかにも新しい実生株がたくさんあり、小苗のうちに台木に接いだサボテンなどが栽培場にひしめく。

Shabomaniac!

自家採種したものや輸入して手に入れたタネからの実生苗。発芽からしばらくは、ふた付きの半透明衣装ケースで水多めの管理。

4坪の加温温室。春から秋は戸外に出して管理している株も、冬はここに入れる。コーデックスなどを管理しており、冬季も7℃以上が保たれている。

用土のストックにも衣装ケースが活躍。配合は赤玉土小粒＋鹿沼土小粒＋軽石小粒という、いたって普通の配合。

実生から20年以上を経たウェルウィッチア・ミラビリス（奇想天外）。これだけの株を育てているが、右奥には花が咲いた株があり、タネが取れそう。

PART 1
LIFE
WITH BIZARRE PLANTS
~XEROPHYTE~

自分らしく作る暮らしの空間と自分らしく育てる植物

最近は、樹木のようになるユーフォルビアが気になるという米澤さん。このときは取材のために室内に飾ってくれたが、栽培はもちろん戸外。

米澤圭一郎

よねざわ・けいいちろう
神奈川県横浜市戸塚区在住
栽培歴5年
Instagram @yone_oides

ユーフォルビア・クレメルシー。「好きなところはなんといっても葉。表は明細模様で、裏は赤という、熱帯雨林の植物のような独特の雰囲気が魅力です」

ベランダの一番日当たりがよい場所に鎮座するコーデックス類。米澤さんのコレクションの中では大型のものが集まる一角。

自分らしく作る
暮らしの空間と
自分らしく育てる植物

コンクリートの構造を見せるインテリアの米澤さんのお宅。手をかけているのは、古い棚を修理してつくった、中にLED照明を入れた冬越し用の栽培棚。

米澤さんが最近気になっているのがユーフォルビア属。ユーフォルビア・スザンナエ—マルニエラはこのサイズにしてすでに木のたたずまい。

ボスウェリア・ナナ。根元から枝分かれした、よい木姿。薄くて透け感のある葉も軽やか。エスニックな風合いの鉢がよくマッチしている。

米澤圭一郎

自分で手を動かし作り育てる住まいと植物

横浜市内の中古のマンションを購入し、リフォームして暮らしている米澤さん。「リフォームが終わったあとも、自分で少しずつ手を入れて、自分の感覚にあった住まいを作っています」

そう語る米澤さんは、住宅の建築に携わっており、暮らしまわりの大工仕事はお手の物。丁寧に手をかけて暮らしの空間をつくっているところが、そこここに見受けられる。

いろいろと集め始めたころは大きな株にあこがれたが、今は小さな株を選んでいるという。「もっといろんなものを育てたいんですが、やはりスペースの問題があります。少しでもいろんな植物を置けるようにというのは考えますね」

用土も、個別の資材を買うと場所をとるので、大阪養庄園の土やバンクスコレクションのベストソイルミックスをなどの配合用土を使っているという。

今年実生したパキポディウム・グラキリウス。手前のバーは、100均ショップのタオルハンガーを流用したもの。落下防止の柵として設置。

プランターハンガーに合うサイズに杉板を加工し、鉢置き場に。プランターを載せて鉢を入れるよりもレイアウトの自由度が高い。

鉢のコレクション&ストック。手に入りにくいものもあるので、気に入った鉢を見つけたら、とりあえず買って飾っておくのだという。

化粧砂には質感と色味が気に入ったというカガライトを使用。大阪の山城愛仙園店頭でしか売っていないので、現地の知人に代理購入してもらっている。

PART 1
LIFE
WITH BIZARRE PLANTS
~XEROPHYTE~

今年も繰り返す、宝石の如きコノフィツムの選抜

実生で増やしたコノフィツムの数々の一部。同じ親から取ったタネでも、株ごとに微妙な違いがあるので、その中から選抜を行う。

conocono

コノコノ　関東地方平野部在住
園芸・植物歴／44年
現在のおもな栽培植物／コノフィツム
Twitter／@Hiro_sudo

コノフィツム・オブコルデルム 'ウルスブルンギアナム'（左）とC. オブコルデルム 'ピクツラツム'。どちらも最近人気の、表面に模様が入る種。

17

今年も繰り返す、宝石の如きコノフィツムの選抜

2002年に新種として発表されたコノフィツム・ミラビレ。国内ではほぼ見かけることがない種。球体の表面には産毛が生え、可憐な花を咲かせる。

実生4年目のC.ブルゲリ。「水や光のコントロールが分かってきて増やせるようになりましたが、何かの拍子にポットごとダメになることがありますね」

C.パゲアエ。「コノフィツムは模様を楽しむ種ばかりではありません。この種やフェニケウスのように、模様は無いけれども形状が独特な種も人気です」

conocono

今も増え続ける コノフィツムの コレクション

コノフィツムの魅力にとりつかれ、栽培すること40年以上。今では、コレクションは自宅のルーフバルコニーいっぱいに増えた。
「SNS等で知り合った友人との種苗交換で、今でもコレクションは増え続けています」。

コノフィツムには表面に模様が入るものがあるが、タネをまくとそれぞれに異なる模様になる。

conoconoさんも、同じフィールドナンバー同士の交配によるタネをまいて選抜を行っている。「多肉植物界隈では、その地域の原種を保つことを重んじる風潮があり、同種他地方の個体の交雑も嫌う人がいますが、交配により今まで見たこともないどんな形質が出てくるのかというのも、タネをまく楽しみだと思っています」

現在では、種間交雑によるハイブリッドも作っている。コノフィツムの楽しみはまだまだ終わらない。

発見されてからまだ20年ほどと、コノフィツムとしては新しい種のC.サブテラネイム。育つに従い、植物体が地中に潜っていく。

高校時代から育て続けているC.リトプソイデスの色変わり品種'翠星'。鉢からあふれるたびに株分けして維持している。

まもなく開花を迎えるC.フェニケウム。頂部が扁平になって地面に埋もれるような株姿がユニーク。夜咲きで、夏の乾燥に強い。

上/乾燥に強いC.マウガニー。「同じエリアで自生するブルゲリと同じ水やりをすると徒長してしまいます」
下/C.アカベンセの授粉。

Column by conocono

コノフィツムを育てこなす   conocono

密かに人気が高まるコノフィツムだが、
ネットにはまだまだ誤った情報が多く、
それを鵜呑みにすると栽培に失敗してしまう。
40年以上にわたるコノフィツム栽培のベテランに
まず押さえておくべき栽培の基本を聞いた。

自生エリアが近かったり形が似ているから育て方も同じとは限らない

　コノフィツム属の植物は、アフリカ大陸南部、南アフリカ共和国とナミビアに自生する多肉植物です。

　アフリカ大陸南部は、日本のような湿潤な気候とはほど遠い、乾燥や高温に耐えて植物が生きています。ほかの植物であれば生きることができない環境、ほかの植物が撤退したような環境というニッチな場所に生きる植物です。

　同じエリアに生きるコノフィツムであっても、種が異なれば違うニッチ環境で生きているということもあります。プルンとしたゼリーのような姿で知られるコノフィツム・ブルゲリは50％程度の遮光下で、水を切らさずに育てます。しかし、同じエリアに自生し、姿も似ているC.マウガニーは休眠期に湿り気があるのを嫌い、乾燥した環境を好みます。

　このように、同じエリアに自生していて、姿もよく似ているのに、好む環境が異なるということが、コノフィツムではあり得ます。まずは、そのことを理解しておいてください。

コノフィツムの「おおざっぱな」4タイプ

　とはいえ、コノフィツム属の植物が、それぞれにてんでバラバラな環境を好むというわけでもありません。しかしまた、これまでよく言われてきたように、足袋型コノフィツムや鞍型コノフィツムはこう育てる、というようなおおざっぱすぎる分け方もいただけません。

　ここでは、適度におおざっぱに4つのタイプに分けて説明していこうと思います。

1／足袋型コノフィツム

　先端が二つに分かれていることから「足袋型」と呼ばれるコノフィツムは、環境への適応力が高いものが多いです。光が強すぎたり弱すぎたり、あるいは湿り気が多かったり少なすぎたり。株が大きいものが多いため、環境が多少悪くても、なかなか枯れたりしません。

　しっかり育てるには、真夏は50％、それ以外の春〜秋は0〜30％程度の遮光をして育てます。休眠期は2週間に1回、軽く霧吹きする程度の水やりを行います。

　40年以上前にコノフィツム栽培が流行ったときは、この足袋型が主流でした。植物体が大きいため休眠期に水を切ってもなかなか枯れないため、「コノフィツムは春以降は水を切って日陰で管理」という育て方が未だに流布しているのは足袋型を基準にしているためですが、その他の種はその管理では枯れてしまいます。

2／有窓類

　ハオルシアでは葉の先の透明な部分を「窓」と呼びますが、コノフィツムも、頂部が透明な「窓」

になっているタイプがあります。このタイプは「有窓系コノフィツム」と呼ばれ、比較的乾燥に強いグループです。とはいえ、休眠期に乾かし切るのはおすすめしません。光を好むものが多く、日照が足りないと徒長することがあります。

3／小粒系のコノフィツム

過度な乾燥は嫌います。また、岩陰にへばりつくように生えているものが多く、終日強い日ざしが当たる環境は苦手です。

生育期、休眠期を通して適度な湿り気は必要ですが、根のまわりに水が滞留するような環境は苦手です。水切れのよい用土で育てます。

4／コノフィツム・ブルゲリ

ほかのコノフィツムと大きく異なる性質を持つ、特殊な種です。石英の小石に覆われたクオーツフィールドと呼ばれる開けた平原で自生し、明るい環境を好みます。真夏は遮光管理しますが、遮光率50％未満の明るい環境で育てるようにしましょう。

水も好きなので、根を乾かし切らないように管理します。

どんな環境で育てるか

10月から4月いっぱいまでは直射日光が当たる場所で管理します。5月に入るころから30％の遮光をし、梅雨明け頃から9月いっぱいは50％程度の遮光をします。

これはあくまでも一例で、種により好む明るさが異なるので、適宜調整します。ブルゲリや有窓系など明るい環境を好むものは、30〜50％遮光率を下げます。それぞれの種が好む明るさにできるだけ長時間当たるようにします。生育期には、いずれの種も最低4〜5時間の日照が必要です。

どんな用土で育てるか

鹿沼土細粒1に対して赤玉土細粒を等量または2倍程度配合したものに、くん炭やバーミキュライト、軽石類（日向土、桐生砂）バーク堆肥などを配合した用土を使います。環境による乾きやすさ、水やりをどのくらいできるかなどで水持ちを加減します。乾きやすいようであれば軽石類を減らしてバーミキュライトを増やし、乾きにくいようであれば軽石類を増やして、バーミキュライトを減らします。

市販の山野草用土で育てる人もいます。こうした軽石主体の用土を使う場合は、頻繁な水やりが必要になります。

ホームセンターで売られている赤玉土、鹿沼土は「小粒」と書かれていても、あまり粒が小さくないことがあります。ふるい分けて直径2mm程度のものをふるい分けて使うか、「細粒」と書かれているものを使いましょう。赤玉土は、芝生の目土として販売されているものでもよいでしょう。

鉢は、プラ鉢をおすすめします。よほど大株になるまでは、2.5号程度の鉢が適当です。

肥料

植えつけの際、マグアンプKをひとつまみ程度用土に混ぜ込んでおきます。植え替えは3〜4年に一度行い、植え替えてから2年目の秋からは鉢土の表面にマグアンプをひとつまみ追肥します。生育がよくないようであれば、秋〜春に1000〜2000倍に希釈したハイポネックス原液を月に1回程度施すのもよいでしょう。

夏越し

夏の間は遮光下で管理します。ネットのまとめ記事などにあるような「休眠したら棚下などの暗い場所に置いて、水を切っておく」といった管理は、多くのコノフィツムに合わない管理法です。

PART 1 LIFE WITH BIZARRE PLANTS ~XEROPHYTE~

自宅屋上の温室に詰まったコーデックスの群れ

右ページのビニールハウスの内部の様子。コーデックスを中心に、乾かし気味に管理しつつも、根を完全に乾かしたくない物を置いている。

小久保一宏

こくぼ・かずひろ　東京都府中市在住
園芸・植物歴／8年
現在のおもな栽培植物／サボテン、多肉植物

育苗用温室を多肉植物栽培に活かす

自宅の屋上に2棟の温室をつくり、多肉植物を栽培している小久保さん。1棟は知人の温室を譲り受けたガラス温室で、もう一つは右の写真のビニール温室。左写真がその内部の様子だ。
「デンマーク製のビニール温室で、本来は農産物の育苗用に使うもののようですが、私はコーデックスを中心とした多肉植物の栽培に使っています。」

専用のビニールカバーは、縁にベルクロテープがついていて開閉や、どの程度開放するかの調整もしやすく使いやすいそう。特筆すべきは、この温室は中に土が入れられるようになっていることだ。

土台の土の中には程良く安定した水分が保たれている。そのため発根していない輸入苗でも、水分を求めてぐんぐんと根を伸ばしていくのだという。
「ここに置いておけば発根管理はひとまず大丈夫だろうという安心感があります」

破損したパーツなどは本国デンマークから直接取り寄せて使用している。「輸送費が高額なので日本の園芸店で取り扱ってもらえるといいんですが……」

上のビニール温室の床。20cmほど土が敷き詰められている。常に適度な湿り気が鉢土にも上がってくるので、良好な環境になっている。

自宅屋上の
温室に詰まった
コーデックスの群れ

知人から譲ってもらい、移築して使っているガラス温室。広さは2坪ほどで、移築から2年ですでに棚はいっぱいになってしまっている。

輸入したり自家採種したりしたタネでつくっている実生苗。気に入った形の株は手元に置いておくが、それ以外はトレードに出すことも。

良形のパキポディウム・グラキリウス。「こういう整った枝振りの株はよくあるので、最近はちょっと変わった枝振りの株に興味が湧いています」

小久保一宏

ブルセラ・ミクロフィラ。「カンラン科の灌木類の中でもブルセラは水分が多く枝がしなやかな種です。枝を誘引したりして、仕立てを試してみたいですね」

ねじれるようにエアを伸ばしているユーフォルビア・ラメナ。「スタンダードなものもいいのですが。こういう、まさに曲者と呼びたくなる株を育てるのも面白いです」

ぎゅっと詰まった姿が魅力のマダガスカル産ユーフォルビアsp.は生長が極めて遅い。片流れの株姿と、表面が緑で裏が赤い葉の色のコントラストが魅力。

ユーフォルビア・オベサ ブロウ。子吹きのよい品種。初めて展示即売会で手に入れた思い出の株。「当時のワクワクした気持ちを顧みて残しておきたいです」

Column by Takeshi Oshio

ハオルシアの室内栽培

押尾 武

近年、安価で性能のよいLED照明が流通するようになり、
室内で植物を楽しむことが普及しつつあるが、
明るい環境を好む多肉植物には不向きな栽培法だ。
しかし、強い光を要求しないハオルシアは例外で、
実際にハオルシアを室内で栽培している趣味家もいる。

家の立地や天候に左右されず栽培を楽しむ

　住宅まわりの屋外環境は日照、通風など家庭ごとに大きく異なる。また、そもそも屋外に植物を栽培するためのスペース自体がない、栽培環境を設けられないこともある。しかし、屋外には無くても、室内にならスペースがあるというケースもあるだろう。

　屋外であれば自ずからある光も風も室内にはないので、何らかの形で栽培者が用意しなければならない。強い光が必要な植物であれば、それだけ強力な照明資材が必要となる。しかし、幸いハオルシアは、強い光量が必要ないため、照明設備もそれほど大げさなものを用意する必要がなく、室内栽培向きといえる。

　室内で育てることのメリットの一つは、異常気象の影響を受けないということだ。また省スペースで育てられるのもよい点である。

　また、日長、温度、湿度などをコントロールすれば、ハオルシアの生育を促進することもできる。戸外の環境と違って閉鎖された空間での栽培になるので、環境のコントロールは栽培者次第となる。

　ここでは、外光や窓を開けての換気などをあまり期待できない環境での、ハオルシア室内栽培について紹介していきたい。

低温と高湿度

　ハオルシアの栽培でとにかく大事なのが湿度である。できれば常時70％あるのが望ましい。真夏でなければ、フタができる水槽に入れたり、切ったペットボトルをかぶせたりしておくのもよい。

押尾さんの仕事場に設置された冷蔵ケース。ケースの周囲にLED設置用のフレームをつくり、側面から光を照射するようになっている。

光が側面から当たるようになっているため、株は側面のガラスに沿って並べている。容器は、東京・合羽橋の道具屋街で購入した、フタつきのティラミスカップ。重ねて置けるので便利だという。

おしお・たけし／10年以上にわたり、ハオルシアの室内栽培を行う。

特に注意すべきは冬だ。エアコンで乾燥した室内は湿度が30％を切ることもある。ハオルシアは気温が一桁台になっても大丈夫なので、凍らない程度の室温であれば、加湿器をかけて、ハオルシアが好む高湿度で低温という環境を作ればぐんぐん生育する。

逆に乾燥した室内ではハオルシアは気孔を開いて光合成のプロセスを行うことができない。これはつまり根が水を吸い上げない状態でもあるので、用土は常に加湿な状態になり、根腐れの原因となる。

ハオルシアは空気の乾燥を感じ取ると即座に気孔を閉じ、加湿器をかけようが葉水をしようが数時間は気孔を開いてくれない。逆に言えば、70％近い湿度がある環境を常時つくることができれば、ハオルシアは飛躍的に生育する。

ハオルシアはCAM型光合成を行うCAM植物だといわれる。CAM型光合成とは、光が強く高温、乾燥した昼間は気孔を開かず、低温で空中湿度が高い夜間に気孔を開いてCO2を体内に取り込むというプロセスを経る光合成である。

高温乾燥のときに気孔を閉じていることで体内の水の損失を防ぐ意味では合理的なやり方だが、光合成の効率は決して高くないため、生育のスピードには限界がある。

ハオルシアはCAM型光合成を行うことができる植物ではあるが、いついかなる時でもCAM型光合成しかしていないわけではない。生育に理想的な環境であればCAM型の光合成をせずに、多くの植物と同じ光合成（C3型光合成）をおこない、急成長させることができる。理想的な環境は、適切かつ十分な水分補給、低温、高湿度、長日条件である。

特に、花芽が上がるまでに成長する前の幼苗は、この条件で急速に生長する。飲食店で瓶ビールを冷やすのに使う冷蔵ケースがあるが、これを栽培に使用するとよい。鉄製アングルなどを加工してLED設置用の台を自作したり、庫内の温度が15〜21℃になるようサーモスタットを改造したりするなどの手間はあるが、効果は絶大である。幼苗の育成だけではなく、傷んだ株の仕立て直しをするのにもよい。

冷蔵ケース内は非常に乾燥するので、鉢をそのまま入れたのではわざわざ用意した低温環境が十分に生かせない。乾燥を防ぐためにフタつきのプラカップを鉢代わりにして植えつけるか、鉢をフタつき容器に入れて栽培をする。

用土が湿潤で高湿度な低温環境が用意できたら、あとは長日になるようLEDを照射する。照射時間は16時間。光は上から当てるよりも、株の横に当てた方が成績がよい。

光…LEDは
小さい金口か直管型

ハオルシア栽培に最もよいのは白色蛍光灯である。しかし、徐々に生産も縮小されているこ

押尾さんのハオルシア室内栽培の様子。棚の天井部分にLEDライトで光を、PC用のファンで風を供給する。周囲を銀色のシートで囲うことで、側面からハオルシアが好む拡散光を活用することができる。

採種のための親株を置いた棚。花茎が高く伸びるため、棚の天井や照明の位置を高くする必要がある。光量が十分ないとよいタネが取れず、親株も弱ってしまう。これを避けるために、大光量のメタルハライド電球を使っている。

Column by Takeshi Oshio

ともあり、今後も継続的に栽培を続けていくことも含めて考えるとLED照明を用いるのが現実的だろう。

植物育成用の赤や青のLED電球もあるが、人工照明は光源が動かないため、特定の葉緑体にしか吸収されない。そのため、光が有効活用されないように思う。入手もしやすい昼白色のLED照明でよいだろう。

また、電球はLEDのチップがむき出しのタイプではなく、乳白色のカバーで光が拡散される構造になっているものがよい。

電球の口金は大きさが大小2種類あるが、大きい方（E16）は場所を取って扱いにくい。小さい口金（E27）を使うか、直管型をおすすめする。

栽培株の周囲には銀色のシートなどを張り巡らして反射光を活用する。こうすることでハオルシアが好む散乱光をつくり、光を有効活用することができる。

実生繁殖を行う場合は、花茎が高く伸びるので、株の上空に高いスペースを取る必要が出る。この場合は、LEDの投光器か150wのメタルハライド電球を使うとよい。

● 種ごとの明るさの好み

どのような散乱光がある環境なのか、側面からはどのくらい光が入ってくるのかなども関わってくるので、この種に何ルクスあればよいと単純にはなかなかいえない。目安としては以下の通りである。

栽培をはじめるに当たっては、いきなり強い光に当てるのではなく、弱い光から徐々に強くしていく方がよい。光量が調整できない照明の場合は、光源と植物の距離を遠目に取り、徒長していないか、逆に葉に異常がないかなどを確認しながら距離を調整する。

棚と水回り

前述のように、ハオルシアの室内栽培にはLED照明と送風ファンが必要となる。これらはもちろん必須の条件だが、実際問題としては、そうした資材をどこに設置するのか、鉢をどこに置くのか、鉢に水をやったときの水の始末はどうする？などの問題をクリアする必要がある。

それなりの鉢数を育てる場合、ひとつひとつの鉢に鉢受け皿をつけて、たまった水を始末するというのはあまり現実的ではない。室内で水やりができる環境を、いかにして作るかというのは、案外重要で、しかもなかなか難しい問題である。

いろいろ試行錯誤した結果、まずは用意できるスペースに応じた鉢受けトレイを見つけ、それに合った棚を用意するというのが、良いように思う。希望するサイズの鉢受けトレイを用意するというのが、案外大変なのだ。

であれば、自分が使いたいサイズの「鉢受けと例に使えるもの」をまず探し、それに合った棚を作ってしまった方が思い通りの環境を作りやすい。

好む光の強さ	種類
強い	玉扇、万象
中	ピクタ、コンプト、コレクタ、ピグマエア、ゾルディダ
やや弱い	バデア、スプレンデンス、オブツーサ、コエル、レース系、格子窓形、実生苗（初期）
弱い	リビダ、スプリング、弱った株、植え替え直後の株

斑入りや傷んだ株など、弱光環境に置きたいが場所がない場合などは、鉢底網などをかぶせて光量を調節する。

鉢受けトレイは、縁が高くなっている、防水性のあるトレイ、お盆のようなものを探す。そこそこのサイズのものを探そうと思うと、ペット用品の中によさそうなものがある。

欲しいサイズの「水受けトレイに使えるもの」を見つけたら、棚を自作する。ホームセンターで売られている鉄のアングル、あるいは木材でもいいかもしれない。

トレイには直接鉢を置かない。直接置くと、滞留した水が毛細管現象で鉢に上がってきて塩類集積により株に害をもたらすからだ。

塩類集積

鉢に植えた植物を乾かし気味に管理すると、まず鉢土の表面が乾燥する。用土の中の水分は乾いた表面へと移動してくるので、水分がしたから上へと移動していく。

このときに、用土中に余剰のチッ素があると、土の中に元々含まれているカルシウムと結合して、硝酸カルシウムという白い結晶となって、用土の表面や葉の裏に浮き出してくる。

これは用土の中にチッ素がありすぎるために起き、浸透圧の関係で根が傷みやすい状態になっている。

塩類集積が起きたら、チッ素分が少ない用土に植え替えるのがよい。しかし、硝酸カルシウムは水に溶けやすいので、数時間鉢を水に浸けておいたり、水道の蛇口から出る水を掛け流したりしておくのでもよい。化粧砂を使っているのであれば、化粧砂だけ交換するという手もある。

ゼオライトは、余分な肥料分を吸着してくれるとともに、色が白くて光をよく反射しするので機能的な化粧砂といえる。熱帯魚用の大磯砂も塩類集積がおきにくく、カビが生えないため管理がしやすい。

鉢が鉢受けトレイの水に浸かったままだと塩類集積が起きやすいので、必ず鉢底はトレイから高くしておくのがよい。

風で健全な生育を

無風の状態では多くの植物は徒長してしまう。これは、風によって刺激を受けることで、植物が発生するエチレンが発生しなくなってしまうためだ。エチレンには植物の伸長の抑制作用がある。

また、物体の表面には動かない空気の層（葉面境界層）があるが、周囲の空気がある程度動いていれば薄くなる性質を持つ。層が薄ければ、それだけ新たなCO2を吸収しやすくなり、結果的に生育がよくなる。

風を送るためには小型の扇風機でもよいし、ペット用の循環扇、アクアリウム用の送風式クーラー、PC用ファンなどなんでもよい。線香の煙がゆっくりと流れる程度の空気の流れがあれば十分だ。

鉢は鉢受けトレイに直に置かず、必ず下に何かを敷いて浮かせるようにする。上の写真では、鉢受けトレイにプラスティック製の人工芝を敷き、その上に鉢を置いている。

表面に白い粉のようなものが吹き、塩類集積が起きている玉扇。このような状態になったら、チッ素分が少ない用土に植え替えるか、用土中の塩類を水で洗い流した方がよい。化粧砂も、定期的に交換する方がよい。

PART 1
LIFE
WITH BIZARRE PLANTS
~XEROPHYTE~

タッキーの株姿に白花を咲かせるのを夢見つつ接ぎ木を楽しむ

家の東側がメインの栽培スペース。大型の株は全てここで管理している。

2階のベランダはパキポディウム以外の多肉植物や、実生株の置き場。

タッキー×エブレネウムをはじめ、実生株が並ぶ一角。エニグマチカムは接ぎ木苗をチェコから輸入し、昨年は19粒、今年は400粒のタネを収穫。

北森翔太

きたもり・しょうた　群馬県前橋市在住
栽培歴5年
現在のおもな栽培植物／多肉植物、塊根植物
I

実生と接ぎ木で新しい株をつくる楽しみ

子どものころから植物に親しんできた北森さんがメダカ飼育などを経て、パキポディウムに出会ったのは4年ほど前。その独特なフォルムに魅了され、あっという間にのめり込んだ。
「株姿で一番好きなのはタッキー。ずんぐりしたボディに大きな白花を咲かせるエブレネウムと交配して、白花のタッキーを作るのが今の目標です」
そんな北森さんがもう一つハマっているのが、パキポディウムの接ぎ木。所属する群馬カクタスクラブに果樹の接ぎ木がうまい梨農家の人がおり、その人から技術を教わった。
「根腐れなどで根が傷んだ株、根が出ていない株であっても、成長点さえあれば接ぎ木で救済することができます。台木を選べば、株を早く太らせたりということも可能です。」
実生と接ぎ木でどんどん増えるので、近所にビニールハウスを建てたそうだ。

午後からは直射日光が遮られる場所なので、無遮光で管理。

ベテラン趣味家から譲られたP.ウィンゾリーの枝が伸びすぎていたので剪定し、剪定枝を接ぎ木で3本に増殖。「株の姿を整えると同時にタネの生産量もアップしました」

タッキーの株姿に白花を
咲かせるのを夢見つつ
接ぎ木を楽しむ

P.グラキリウスの台木にP.マカイエンセを接いだ株。中央の大きな枝がマカイエンセだが、接いだ部分はパッと見わからないほどきれいに活着している。

P.ナマクアナム(光堂)をP.ラメリーの台木に接いだ株。細い台木の上で、ナマクアナムが丸く太りはじめているのが分かる。

こちらもP.ナマクアナムをラメリー台木に接いで1か月ほど立ったもの。接ぎ目が目立つがもう活着しており、鉢上げできる状態になっている。

北森翔太

意外に簡単！パキポディウムの接ぎ木

直径がほぼ同じ株同士であれば、切り口を合わせておくだけで1か月ほどで接ぎ穂と台木は繋がります。殺菌済みか新品の清潔な道具を使い、手早く行うのがポイントです。生育しているときに行いましょう。

{ 使うもの }

水道水を入れた清潔な霧吹き、化繊の毛糸、新しい刃に替えたカッターナイフ。今回は根が傷んでいるP.タッキーを、P.ゲアイーの台木に接ぎます。穂木と台木は直径が同じくらいのものを選ぶとよいでしょう。

1 穂木、台木ともに、株の中ほどでカットする。

2 切り口から出る白い液体を、霧吹きの水で洗い流す。

3 台木に毛糸を5〜6回巻きつけておき、そこに穂木を載せる。

4 毛糸を穂木の先端付近に引っかけ、台木と密着するように、何重にも巻く。成長点を傷めないように注意する。

5 作業が終わったら、根を軽く湿らせてビニール袋に入れて、口を縛っておく。

接ぎ木をしたあとの管理

接ぎ木をした株はビニール袋に入れて管理します。内部が高温になって株が傷むので、直射日光が当たらない場所に置いておきます。接いで2〜3週間ほどし穂木と台木が癒合したら、ビニール袋から出して用土に植えつけます。初めのうちは風が吹き抜けない明るい日陰で、水多めの管理を行います。

PART 1
LIFE
WITH BIZARRE PLANTS
~XEROPHYTE~

株を買うだけでは味わえないタネから育てる喜び

良形のパキポディウム・グラキリウス。「いつかは自分で実生して、これに見劣りしない株をつくるため、試行錯誤しながら毎年タネをまいています」

佐々木隆斗

ささき・りゅうと 千葉県流山市在住
園芸・植物歴／5年
現在のおもな栽培植物／多肉植物、塊根植物
Instagram／@rit0man

タネをまいて株をつくることの楽しさ

　南向きの戸建ての庭という恵まれた環境で多肉植物栽培を楽しんでいる佐々木さん。
「春から晩秋までは戸外管理ですが、基本的に雨ざらし。長雨より西日に当てる方が傷みやすいので、西日の遮光には気をつけています」
　以前は欲しい株は買えばいいと考えていたけれど、最近はタネから育てるのが楽しいそう。
「自分が育てた株からタネを取ってまき、それが発芽したときの気分は格別。そうやって実生した株を、時間をかけて作り込んでいくのにハマっています」
　というだけあって、佐々木さんの栽培場は実生株が見る見る増え、スペースはいつも不足気味。
「根がよく育った苗は、その後の成長も順調。発芽してからしばらくは、徒長気味になってもいいので、まずは根を育てることが重要な気がします」

栽培フレームのほかに、1坪程度の小型ビニールハウスも所有。「植物の顔色を見ながら、ハウスに入れたり屋根の下の棚に置いたり臨機応変に対応してます」

ハオルシアの栽培フレーム。遮光しつつ、適度な風通しを心がけている。棚だけでは置ききれないため、壁面に吊って管理しているものもある。

株を買うだけでは味わえないタネから育てる喜び

マクロプス・ウター。「植物を通じて仲良くなったタイの知人から譲ってもらった株。そんないきさつもあり、思い入れのある大事な一鉢です」

実生の恵比寿笑い（パキポディウム・ブレビカウレ）。播種から1年で開花。「何十とタネをまいた中で、ここまで順調に育つ株は本当に珍しいです」

ムイリア・ホルテンセ。光に当たると透明感のある輝きが美しい。「メセンにも興味が出てきていろいろ育て始めてますが、まだまだ勉強中です」

佐々木隆斗

チレコドン・ペアルソニー。手のひらサイズの冬型コーデックス。「小さな鉢にはごく少ない土しかありませんが、それでも元気に育っています」

上／端材で作った屋内実生小用の温室。
下／照明はIKEAの植物育成用LED電球。加温には爬虫類飼育用のシートヒーターを流用している。

憧れはあったもののなかなか手に入らず、海外から輸入して手に入れたハオルシア・ロックウッディ。「独特の株姿を上手く育て上げるのが難しいです」

上／憧れのH.ロックウッディの初花からのタネが発芽。
下／ウッドデッキはサク（チワワ1歳♂）の遊び場にもなっている。

PART 1

LIFE

WITH
BIZARRE
PLANTS
~XEROPHYTE~

乾性から湿性まで あらゆる植物を 楽しみたい

15坪ほどの広さのサンルーム。あふれかえるほどの植物があるが、多くは着生植物で、梁から吊られていて足元がすっきりしているため、動きやすい。

kebint

kebint 大阪府在住
園芸・植物歴／15年
現在のおもな栽培植物／サボテン、多肉植物、ブロメリア、シダ、ランなど
Instagram／@kebint

植物が溢れんばかりのサンルーム

　ビカクシダからはじまりティランジアや多肉植物栽培にたどり着いた井上さん。以前は家の中にもたくさん植物をおいていたそう。しかし、シダやラン、ブロメリア類など、シリンジや湿度が必要な植物も多く、湿気による家屋の傷みを避けるため、サンルームを増築した。打ちっ放しのコンクリートに黒のモノトーンを基調とした空間は、床の排水も考慮されていて、栽培場所でたっぷりの水やりをすることもできる。

　それまで家で育てていた多肉植物は近くにある仕事場に移動。サボテン、塊根植物、ディッキアなどのほとんどは鉢で植えているが、アガベを地植えにして楽しんでいる。

　ことさら植物を増やすつもりはもはやないが、増えた子株を人に譲ったりすると、お返しに植物をもらってまた増えてしまうのが悩みのタネだとか。

地植えにして育てているアガベ・パリィ。
「地植えでもよく育っているだけでなく、子株もよく出ますよ」

乾性から湿性まで
あらゆる植物を
楽しみたい

以前ほどの熱意はなくなったという、ティランジアなどのブロメリア類。とはいえ今でもブロメリア協会に所属し、充実のコレクションを維持している。

前のページとは別のアガベ・パリィ。こちらは細葉のタイプ。ユッカ・ロストラータとともに植栽している。

上／鉢はケースに入れて管理。
下／棚は脚立に渡した建材に載せたもの。ケースごとに管理しているので、これで十分だし、水の滞留もない。

kebint

ロフォフォラなどマメに状態を確認したいサボテンは自宅サンルームで管理。日照が不足する雨や曇りの日はLEDで光を補う。

実生から5年目となるオペルクリカリア・パキプス。すでに樹高が30cmを超えており、今後の幹の太りに期待がかかる。

サンルームに設置されたガーデンシンク。植え替えなどの作業はここで行う。

パキポディウム・グラキリウス。塊根の直径とほぼ同サイズの平鉢で、締めながら栽培。

Column by Atsuo Ohta

珍奇な植物から珍奇な植栽へ

オリジナリティあふれる庭を提案する
「ACID NATURE 乙庭」。
唯一無二の珍奇な庭をつくるためには、どのような視座を持つべきなのか。
代表の太田敦雄氏に語っていただいた。

前項のアガベ・パリィ（A.parryi）の花壇植栽例のように、「珍奇植物」と括られる植物の中でも、植え場所や耐寒性のある種を適切に選べば、日本の温暖地（概ね関東平野部以南。冬季最低気温-5℃程度）で屋外栽培可能なものもある。それらを組み合わせて、原生地のような壮大な奇観や、さらに多様な植物を織り交ぜた自分オリジナルの「珍奇な庭」を楽しむこともできる。アガベ属内でも、ポタトルムやチタノタなど、耐寒性が弱く日本では庭植えに不向きなものもある。個々の植物の性質を把握しつつ、独創的な庭造りを目指してみてはいかがだろうか。

言わずもがな、珍奇度が高い植物は日本での栽培情報も少ない。昨今では、ネットでも珍奇植物の屋外植栽事例が散見されるので、耐寒性や植え場所のヒントになる。それに留まらず、関連文献を参照したり、ネット情報も複数事例を精査したり、実際に栽培している人に教わるなど、インプットを幅広く持てばより確信に近付ける。情報を鵜呑みにしないで、栽培を通じて自身の知識として身につけていけば、自ずと植栽の創造性や勘も養われていくだろう。

時代を俯瞰して見れば、昭和のサボテンブームの名残で今日でも見られる、民家の庭で巨大に育った柱サボテンやアオノリュウゼツラン（A.americana）などは、珍奇植物の果敢な栽培実験の走りともいえる。このような前例もあるのだからいまさら不安なんてない。未来の・新しい庭を生み出す楽しみを謳歌しよう。

しかし同時に、ある時代に珍重されたものでも、誰もが同じモノを所有した時点で陳腐化するという皮肉な事実もここから見えてくる。

アガベやユッカをメキシコの砂漠風景にまとめず、地中海沿岸や南アフリカなど、世界の乾燥地原産種と合わせて無国籍に表現。赤い花はオーストラリア原産のテロペア・スペキオシッシマ。写真右下、マンガベ'マッチョモカ'の赤紫褐色葉が独特の珍奇感を演出している。

チリ原産の耐寒性ブロメリア、プヤ・コエルレアの多頭個体と、昭和の既視感漂うアオノリュウゼツランを合わせ、無骨な敷石も相俟って荒々しく表現。背景には中国原産の常緑樹ロドレイヤ・ヘンリィを。珍種のプヤを植栽に組み込むことで、全体の雰囲気が一気に個性的な印象に。

皆が競って珍奇植物を買い集める今の時代。珍奇を「陳腐」にしないためにはどうしたらよいのか。珍しさとか刺激とは「他との差」の大きさでしかない。つまり皆が同じモノを追い求める限り、いつかは差がなくなって陳腐化してしまう。時代の流れを柔軟に取り入れつつも、ブレない自分の軸やこだわりを持たない限り、「珍奇」な存在で居続けることはできない。

たとえば、自慢のアガベコレクションを一同に庭に植えるとする。それを植栽として見た場合、魅せ方も個体のクオリティも相当徹底しない限り、居並ぶ趣味家の中で抜きん出ることは難しい。文章と同じで、皆と同じ言葉を連呼してるだけでは説得力がないように。面白い文にはワクワクするストーリーや意表をつく展開や心に刺さる言語表現がある。それと同様に植栽にもあなた独自の語り口を増やしていくとよい。

他のアガベファンと差別化を図りたいなら、「何があるか」よりも「何とあるか」。アガベ以外に好きなものは千差万別である点に着目して、独自の展開を目指すのもひとつのテだ。

アガベを軸に考えてみるなら、マンフレダとアガベの交配種であるマンガベの斑点模様と組み合わせてグロテスクな装飾性を表現したり、南米産のプヤやオーストラリアや南アフリカ原産種など国境を越えて日本の環境で育てられる植物をコーディネートした「無国籍で刺激的な植生観」を提示したり。はたまた日本古典園芸植物のジャノメマツと合わせて「現代的な侘び寂びの美意識」を世界に発信してもいい。アガベという同じ単語を使っても、そこから生み出せる植栽の文脈や表現は無限だ。

植栽は組み換え、創り変えていけるものだし、自分の世界観を表現できるもの。個々の植物には流行り廃りがあるかもしれないが、時代や好みに合わせて、植栽のコーディネートを変えてアップデートしていけば、常に「新鮮な気分」「最新の自分」でいられる。

珍奇植物の屋外栽培は、多かれ少なかれ実験的な要素を伴う。それなりに根気も必要だし、時にはリスクや失敗も伴うだろう。しかし、他人がやっていない植栽を自分の手技にしていくことで、自分だけの庭を作ることができる。探究と実験の先にある植栽の独自進化こそが「お金では買えない」「どこにもない」珍奇さなのではないだろうか。

持ってる植物がいくら他人とカブったとしても、植え方・魅せ方がオリジナルであれば、決して他人とカブることはない。あなたの感性と植物が創り出す一点モノのビザールプランティング(珍奇植栽)。どれだけ激レアかとか何がブームだとか関係ない。珍奇な光景は「自ら創り続けることができるもの」。植物は一過性のファッションでも投機の対象でもない。結局、庭も人生の一部。自分自身を見失わなければ、ずっと唯一無二の存在でいられる。

写真、文:太田敦雄 (ACID NATURE 乙庭)
http://garden0220.jp

丸みとゴツさを併せ持つアガベ・トルンカータに、敢えて昭和の多肉園芸を想起させるセネキオ'美空鉾'やキョウチクトウの矮性品種を組み合わせて。キョウチクトウは今日ではありふれた庭木扱いだが、パキポディウムやアデニウムもキョウチクトウ科と捉えると視野が広がり、意味深い。

アガベ・パリィとオプンチア(ウチワサボテン)で印象的なフォーカルポイントを作り、グレビレアやリューカデンドロンなど南半球原産種も盛り込んで、新奇な多様性のある植栽に。そこにさらに日本伝統園芸の葉芸品種、ジャノメマツを加えて意外性と温故知新の「珍奇」も表現。

PART 1
LIFE
WITH BIZARRE PLANTS
~XEROPHYTE~

外では多肉を中はシダ、ランとマルチに楽しむ

ベランダの一番日当たりがよい場所に置いているのはパキポディウム・グラキリウス。

外山友子

とやま・ともこ　大阪府大阪市在住
園芸・植物歴／20年
現在のおもな栽培植物／サボテン、多肉植物、着生ラン、ビカクシダ
Instagram／@kameko1105

アロエ・カステロニアエ。SNSを通じて知人・友人が増えると、株を交換したりもらったりすることも増えた。これもそうやって手に入れたもの。

ベランダの柵寄りは多肉植物の、奥まった場所は着生ランなどの栽培コーナーになっている。

ベランダの突き当たりが、もっとも日照時間が長い一角。

外では多肉を
中はシダ、ランと
マルチに楽しむ

西向きの室内窓際は着生ランやビカクシダの栽培スペース。

リビングとキッチンの境になっている壁はビカクシダを飾りながら育てるスペースに。植物育成用LED電球をつけた照明で光の不足を補う。

ランは10株以上育てているが、中でも多いのがファレノプシス。交配種、原種どちらも栽培している。

外山友子

SNSで広がる植物を囲む人との輪

それまではガーデニングで植物と親しんでいた外山さんが多肉植物と出会ったのは7年前のこと。今でもオリーブの木などはベランダに置いているが、戸外のスペースはほとんどが多肉植物で埋まってしまった。

気に入った植物を買って手に入れるだけではなく、タネをまくようになり、実生でできた小株もあっという間に増えていった。SNSで知人が増えるにしたがって、トレード(交換)したりもらったりという機会もふえ、さらに株数は増加していったそうだ。

5年ほど前からはランにもチャレンジ。
「もらったファレノプシス(コチョウラン)を花後に植え替えて育て始めたのが最初」

最初はその一鉢をもう一度咲かせようと育てていたのだが、SNSでほかの人が咲かせている面白そうなランを手に入れているうちに、今では10株以上育てるまでになったという。

アガベ・メリコ錦。「千葉のグランカクタスに行った時に手に入れたアガベ。以前から行きたかったんですが、昨年はじめて行った時の思い出の株です」

パキコルムス・ディスカラー。初めて実生にチャレンジした塊根植物なので思い入れがある一株。現在実生して3年目。順調に成長中。

第一回の天下一植物界のワークショップで作ったマメヅタランの苔玉テラリウム。余り強い光が当たらない場所で、フタを閉めたまま育てられる。

ファレノプシス・シレリアナ。ランを育てるきっかけになったファレノプシス(コチョウラン)は今でも好き。ランは斑入りの原種も複数所有。

PART 1 LIFE WITH BIZARRE PLANTS ~XEROPHYTE~

半地植えの多肉植物群が出迎える私設植物園

ハウス中央のレイズドベッドに鎮座する玉サボテンの数々。いずれも元々は鉢植えだがもはや植え替えは不可能。

暇さえあればハウスを訪れる竹内さん。盛夏は、一日200リットルの水やりをすることもある。

鉢植えのままレイズドベッドのもみ殻の中に根を張って、草丈50cmにも及ぶ光堂（P.ナマクエンシス）。

*レイズドベッド＝地面の上に石、レンガ、板などで囲いをした中に土を入れたもの。地表面より上に土があるため、水はけがよい。

竹内和美

たけうち・かずよし 埼玉県さいたま市在住
園芸・植物歴／50年
現在のおもな栽培植物／サボテン、多肉植物

どの多肉植物も のびのび育つ 楽天地

「小学校の頃サボテンが流行って、同級生がみんなサボテンを買って育ててた。ほかのみんなはだんだんとやめてっちゃったんだけど、私だけはその後もいろんな種類を集めて、今まで続いてるんだ」

家からスクーターで20分ほどの場所に、遊休農地を借りてビニールハウスを建て、70歳を過ぎた今でも、時間があれば植物と向き合う。

ハウス内の植物を置くコーナーは、板で囲ったレイズドベッド*。中にはもみ殻が厚く敷き詰めてある。もみ殻は多肉植物が好む適度な湿り気を帯び、置かれた鉢植えは機嫌良く育ち、さらには鉢底から伸びた根はもみ殻の中に広がる。結果として、どの株も大株になっていく。

「いろいろ育ててきて、やっぱり好きなのは塊根。最近は流行りみたいで、育てる人が増えて嬉しいね」

竹内さんのハウスの中では小型な部類のパキポディウム・ホロンベンセ。大型の株は、地面に根を張ってしまって撮影場所まで移動できなかった。

置き場所から移動できたパキポディウムの中で、最大の株がこちらのP.ブレビカウリクス。

PART 1　LIFE WITH BIZARRE PLANTS ~XEROPHYTE~

植物にあった鉢を選ぶのも楽しみの一つ

屋内にも、比較的光が少なくても育つ植物を置いている。移動で傷めてしまうことが多かったビカクシダ（プラティセリウム・リドレイ）は室内でLED栽培。

恵比寿笑い（パキポディウム・エブレネウム）は扁平に広がる塊茎の独特の雰囲気がお気に入り。鉢の風合いとパキポの肌がよく合っている。

戸外の栽培スペースは柵にトレリスを設置して空間作り。「葉焼け対策で、遮光ネットも使っているのでやや控えめの光量になっています」

__luco

ルコ 東京都区内在住
園芸・植物歴／5年
現在のおもな栽培植物／多肉植物、塊根植物、ティランジア、シダ
Instagram／@__luco

日当たりのよいベランダと室内で栽培

　マンションの5階で植物を育てているlucoさん。「南向きのベランダなので日当たりはバッチリです。それはとてもありがたいんですが、強風の時がちょっと大変ですね」

　室内でもフィカス・ウンベラータなどの耐陰性のある観葉植物を栽培。「ビカクシダはいつも初夏〜秋はベランダに出して育てていたんですが、外に出したり取り込んだりするときに葉に傷をつけてしまうことがよくありました。なので今年からは季節ごとの移動はさせず、リビングで通年栽培することにしました」

　現地球と実生株の水加減の違いに気づかず、右下のパキポは根を傷めてしまったこともあるが、植物店のスタッフやインスタグラムの知人にアドバイスをもらったりして試行錯誤しながら栽培を楽しんでいるそう。

東京・高円寺芽の巣山で買った鉢に植えたパキポディウム・グラキリウス。「カッコいい鉢はいつもネットでチェックしていて、ほかにもkonectなどもよく見ています」

パキポディウム・グラキリウスとP.カクチペスの現地球。「実生株と同じ感覚で水をやって傷めてしまいましたが、掘り上げて乾かして何とか復活」。

PART 1 LIFE WITH BIZARRE PLANTS ~XEROPHYTE~

ソテツから はじまった 植物との暮らし

高倉さんのメイン栽培場は玄関まわり。南西向きなので西日が入るが、ここも多肉植物の置き場に。植え替えなどの作業もここで行う。

それまでは観葉植物も枯らしてしまっていた高倉さんを、多肉植物にハマらせたザミア・フロリダーナ。ソテツはこのほかもう一株栽培中。

初めて買った現地球なので思い入れがあるパキポディウム・グラキリウス。「まん丸な株姿と、丸みのある鉢の取り合わせも気に入っています」

タネをまいて一年ほどのパキポディウム・エブレネウム。限られたスペースで、実生にもチャレンジしている。バロニー、グラキリウスもまいている。

高倉直子

たかくら・なおこ　東京都町田市在住
園芸・植物歴／6年
現在のおもな栽培植物／サボテン、多肉植物
Green Snap／@pokapokanao

いつの間にか集まった棚一杯の植物

　一戸建ての住宅を購入したのが8年前。それからしばらくして落ち着いたころからはじまった高倉さんの植物との暮らし。同時期にガーデニングをはじめ、パンジービオラや、セダムの寄せ植えなども、たが、そちらにはあまりハマれなかった。しかし、ソテツと出会って生活が一変。
「気に入ったソテツを立て続けに2株買って、すっかり多肉植物に夢中になってしまいました」
　その後も自分で少しずつ気に入ったものを買っては育て、ネットで知り合った人たちからもらったり交換したりしているうちに、あっという間に増えてしまった。
「SNSなどの知り合いは、育て方に困ったときにいろいろ教えてもらえるありがたい存在。そのおかげで、それまで知らなかった塊根植物を知ってしまったりというのもありますが」

良形のパキポディウム・エブレネウムなどが並ぶコーナー。玄関前におかれた棚は、軒があって雨がかからないが、日は当たる多肉向きの場所。

ブルセラ・ファガロイデス。「まだまだ小さな株ですが、ようやく樹皮がはがれるようになってきて、それっぽい雰囲気が出てきました」

冬の間は、寒さに弱い夏型のコーデックスも室内での管理。手にしているのは、むっちりした株姿が気に入っているアデニア・スピノーサ。

PART 1　LIFE WITH BIZARRE PLANTS ~XEROPHYTE~

小さくて かわいらしくない植物に 心ときめく

個性豊かな小さな多肉植物たち。「冬に取り込むスペースもあまりないので、寒さに強いものや冬型コーデックスに、つい目が行きがちです」

万物想(チレコドン・レティクラーツス)。コーデックスはこのくらいのサイズの株はあまり出回りがなく、欲しい種がなかなか見つからないこともあるそう。

コノフィツム・カルキュラス。最近メセンにも興味が湧いてきた。この株は3年ほど育て続けているが、まだ今ひとつコツが飲み込めていないそう。

usagi0908

usagi0908 神奈川県横浜市在住
園芸・植物歴／4年
現在のおもな栽培植物／多肉植物、塊根植物
Instagram／@usagi0908

植物を選ぶときは2.5号鉢が基準

　usagiさんが植物の栽培を楽しんでいるのは、マンションのベランダのごく限られたスペース。
「いろんな種類の植物を育ててみたいので、選ぶときの基準は小型種で成長が遅いかどうか。大株を置くと、それだけ育てられる数が減っちゃいますから」
　なので育てている株のほとんどは2.5号鉢植え。
「ちゃんと元気な状態に育ててはいるんですが、早く大きくなって欲しいわけではないんです。じっくりゆっくり育って欲しいので、ある程度大きくなったものも、土だけ替えて鉢増しはせず、元の鉢に植え直すことも」
　そんなusagiさんが植物を選ぶもう一つの基準は、『かわいらしくないもの』なのだそう。
「いかにも『かわいい』、『きれい』というものには心が惹かれないんですよね。そしてなぜか、変な形をした植物が増えてしまうんです」

プセウドリトス・ミギウルティヌス。見た目がゴツゴツとした石のよう。花も変わった形と匂いのガガイモ科は、珍奇好き向きの植物の宝庫。

ブラキステルマ・ブラクテオラツム。比較的水やりの回数が多いものには、カルキを吸着してくれることを期待して、ゼオライトを化粧砂に使っている。

ペペロミア・ジャルカエンシス。シクラメンの球根のような、しわの寄った塊根から、スプラウトのような小さな葉が出る塊根ペペロミア。

Column by Tadayoshi Kono

多肉植物と土

河野忠賢

植物を育てていると、悩みの多い土の問題。
使う資材は？配合は？などなど、
いろいろ考えては試行錯誤している人も多いはず。
生粋の多肉植物栽培家、河野忠賢氏に、
土にまつわるあれこれを聞いてきた。

多くの園芸家が持つ土へのこだわり

　土というのは、植物の栽培にはほとんど欠かせないものだ。あの有名な園芸家チャペックいわく、
「サボテン派の信者たちのなかには、大理石の粉を信仰する者がいるし、一方別の信者は煉瓦の粉を、さらに別の連中は…(略)…『真正のサボテン用土』には、いくつものもっと深い秘訣があるが、たとえ車裂きの刑に処しても、サボテン信者は、その秘訣をもらさない。」(カレル・チャペック「園芸家の一年」)

　彼の言うことにもっともだと頷いたところで、自分もサボテン（多肉）教のなにがし派の信者であることを自覚したわけだが、そう言われてみれば、確かに土にはなみなみならぬこだわりを持っている。つまるところ、どんな資材をいかに適切な割合で混合するか。そういう模索を続けてきたわけである。もちろん適切な用土というのは、それぞれの植物によって違うはずだから、ではこの植物には、さらにこの資材を特別に混合してやろうとなる。例えば、原産地球のペラルゴニウム・ミラビレ（*Peralgonium milabire*）のような植物は、安易に枝先を伸ばしてしまっては罪を感じるほど美しい姿をしている。

　じり、じり、じり、とそれはもう育っているのかいないのか、ただ毎年同じところから葉をつけては落とすだけの繰り返し、というような栽培が求められる。彼ら乾燥地の植物というのは、水があれば生長したいし、成長できるときに成長しておくというのがやり方である。だから、もし用土の水もちが良すぎると、むやみに成長してしまう。まあ、徒長というわけです。そう言う時には、例えば軽石のようにほとんど保水力のない資材を特に多めに配合することで、用土の乾き具合を調整するようにしている。

*「園芸家の一年」

　カレル・チャペックによる園芸にまつわるエッセイ集。1月から12月までの各月のエッセイに、ほかで発表された文章を併せて構成されている。同書は複数の出版社から翻訳が出版され、「園芸家12カ月」「園芸家の十二ヵ月」の書名もある。

　自身も園芸、植物の栽培に熱心であったチャペックが、時に奇矯な振る舞いに及ぶ園芸家たちの苦しみと楽しみ、喜びに満ちた姿を、ユーモアを交えて描き出している。

　四季の移り変わりのたびに感じる一喜一憂、悪戦苦闘は、園芸家であれば誰しも身に覚えがあることばかり。

　カレル・チャペックは19世紀末から20世紀前半にかけて活躍したチェコのジャーナリスト、作家。戯曲「ロボット(R.U.R)」で、ロボットという言葉を最初に使ったとされる。

こうの・ただよし／東京大学大学院でサボテンのトゲの発生進化の研究を行う。国際多肉植物協会(I.S.I.J.)の会報誌の編集、執筆も手がける。
Instagram／@tadayoshi_kono

パミス単用!?
海外土事情

　日本では、ほとんどの人が伝統的に赤玉、鹿沼、軽石のいずれかを配合して使っていると思う。海外の友人たちの栽培場を訪れると、目からウロコというか、たいていほとんどパミス（軽石）単用で何でもつくっていたりするし、挙げ句の果てに、シンガポールの友人は、近所の工事現場にスコップとバケツを持って、地面を掘り返した土をもって帰って使っていた。いかにも土など無関心だと言わんばかりだが、それらがむしろ原産地球のように締まってできていたり、なんの問題もなく生きているのだから、驚かずにはいれなかった。

　海外の友人達は、積極的に大きくしたりということに無頓着であるのはたしかで、実際彼らのような用土では、日本の名人のように育てることは難しい。しかし、植物の作は、瑞々しくつくればいいというだけではないはずで、もう一方で、原産地のような姿に積極的に育てていくというようなこともあるはずだ。私自身は、これまで少しでも早く大きくしたい、1cmでも径を大きく、1mmでも刺を長くしたい、そんな風に思ってずっと土を考えてきたけれど、最近ではいかに原産地球らしくつくるかということに興味が向いている。

　原産地に思いを馳せてみると、腐植質に乏しく、砂質で目が詰まっていて、雨が降れば水たまりができるような水はけの悪い土でも、植物はそれに適応して棲息している。日本で赤玉・鹿沼主体の用土でふくふくしく育つ様子をみれば、原産地の土などというのは、いかにも粗末だ。しかし、崖や岩場のわずかな隙間や土溜まりに根を張って、美しく締まって、そして健康に生きている様子をみると不思議に思うことがある。ほとんどスプーン一杯の土で、どうやって生きているのか。実際やってみれば、これは赤玉や鹿沼のような従来の粒状用土では難しいことが分かる。このあたりの塩梅は、まだまだ模索中である。

　ただ、そこまでいかなくても、できるだけ少ない土でかつ健康に育つ様に工夫するというのはなかなか面白いもの。場所に余裕のある温室と違って、ベランダ栽培はそんなに余裕がない。とはいえ、できるだけ数多く色んな種類を育てたいというのが人情。そうするとできるだけ小さな鉢で、しかし植物は健康に育つ、というところを模索していくことになる。我が家では、6×6cmの特殊な角プラを使っていて、これなら省スペースで、土も少なくて済むし、みっちり詰められて無駄がない。鉢が小さい分、乾きは早いので、普通より水持ちの良い土を使ってちょうど良いぐらいである。小さくても、化粧石などもふくめ、楽しめる要素はたくさんある。うまくいくと、都会のベランダのひと鉢から、原産地の景色にトリップできるようなことがあるかもしれません。

Dorstenia horwoodii

シンガポールの友人宅にて撮影。彼の、用土は家の近所の工事現場の盛り土。これは、驚いた。しかし、ご覧のとおり、なかなかよくできている。大小の砂礫が混じったような土で、植え替えも滅多にしないそうである。

Column by Masataka Shimizu

肥料を使いこなす その1／肥料の基本

清水柾孝

つい惰性で与えてしまったり、思いついたときにだけ
与えてしまうこともある肥料。
しかし、それぞれの成分の役割を理解すれば効果的に使うことができる。
ラン栽培の若手トップランナー清水柾孝氏に、
肥料の効果的な使いこなしを聞いた。

必須要素のN、P、K

　自然環境の中にある植物は、落ち葉や生物の排せつ物などが自然に供給され、それを肥料分にして育つことができますが、鉢などの栽培環境下では栽培者が肥料分を与えてあげなければ栄養分が足りなくなってしまいます。

　いわゆる珍奇植物には多肉植物など、庭に植える草花に比べると肥料が少なくてよいとされるものも多くあります。私が力を入れて育てているランも、土がない木の幹などでに生えている着生種が多くあり、そうした種は肥料はあまり必要ないと言われることがあります。

　しかし、種類によっては肥料が少ない環境でも耐えられるというだけで、それなりに肥料分があった方がよく育って花も多く咲くものもあります。また、頻繁に与えないからこそ、最適な肥料を与えるべきとも言えます。

　肥料を上手く使いこなすためには、肥料の三大要素といわれるチッ素、リン酸、カリの役割を理解しておきましょう。肥料のパッケージには「N-P-K＝6-40-6」など、肥料の要素がどのくらい入っているのかが表示されています。Nはチッ素、Pはリン酸分、Kはカリ分を意味します。この三要素は、植物に必須の肥料分です。

植物体を大きくする
N＝チッ素分

　チッ素＝Nは葉や茎などの植物体を作るために必要な要素です。ランではバルブを大きくするためには、適切なチッ素分が必要になります。

　チッ素分が足りないと植物体が大きくならず、下葉が黄化しやすくなるといった症状が現れます。

　植物が体を大きくする栄養成長をおこなっている時期にはとても重要な要素ですが、花芽ができる時期にも与えてしまうと、花がつきにくくなってしまいます。花が咲いてタネを作る生育ステージを生殖成長といいますが、チッ素が多いと栄養成長から生殖成長に切り替わりにくくなるためです。

　チッ素分を与えすぎてしまうと、葉や茎が太るとともに肥満化して軟弱な性質になるため、病害虫に弱くなります。与える場合はカリウムと組み合わせると、締まった株になります。

生育開始の初期に
重要なP＝リン酸

　リン酸分＝Pは俗に「花肥え」とも呼ばれ、花つき、実つきをよくするのに必要な要素です。

　また、組織の発生初期にも重要な要素で、根や芽の発生と伸長を促す働きがあります。そのため、生育開始時に適度なリン酸分が必要となります。

組織を強くするK＝カリ

　「根肥え」などとも呼ばれ、よい根をつくる働きがある要素とされます。

　根の伸長を促すほかに、植物の体を丈夫にし、病気や寒さなどに抵抗性を高めてくれます。そのため、植物の生育全体をサポートする成分であるといえます。

しみず・まさたか／東京農業大学大学院修了後、園芸資材メーカーに勤務。栃木県出身。9歳の頃からラン栽培に親しみ、20代にして栽培歴20年。

PART 2

LIFE

WITH
BIZARRE
PLANTS

~HIGH HUMIDITY~

二章

珍奇植物と暮らすアイデア

雨林植物、ラン編

雨林や雲霧林に住む植物の多くは、
比較的高い湿度の環境で生育しているものが少なくないが、
好む風通しや空中湿度、温度などはそれぞれである。
閉めきった栽培ケースの中に入れっぱなしでよいものもあれば、
常に風を送り続けていなければならないものもある。
案外乾燥に強いものもあり、まずはその植物の
性質をよく知る必要がある。

PART 2

LIFE

WITH
BIZARRE
PLANTS

~HIGH HUMIDITY~

ガラスケースに横溢する雨林の気配

栽培部屋の窓側はアグラオネマ・ピクタムの親株などが並ぶ。株分けした株は水槽管理だが、大株は常湿で管理。

長谷圭祐

はせ・けいすけ　園芸・植物歴／20年
現在のおもな栽培植物／雨林植物全般
Twitter／@LA_souya　Instagram／@souya938

左写真の左側に写っている水槽台。90cm水槽を3段収納できる。この水槽台の背面にも、同じ台が一基置かれている。

ガラスケースに
横溢する
雨林の気配

パプアニューギニアで採集したヒドノフィツム・カミニフェルム。輸入から4か月ほどでゆっくりと成育中だという。

窓からもっとも離れた壁面に置かれた水槽では、増殖されたA.ピクタムを管理している。

水槽の上に置いているLEDはコトブキ・フラット。「白色光モードだと葉が焼けやすいので、赤青発光モードで使っています」

長谷圭祐

これから登場して来るであろう交配にも期待

　海外を頻繁に訪れて植物の採集や観察、研究を行っている長谷さん。自宅で育てている植物の多くは雨林、雲霧林に自生する植物だ。高湿度を好むものが多く、水槽などの閉じた環境の中で栽培する。また、密林の林床に生える植物は強い光がいらないので、タイマーでオンオフをコントロールしたLED照明で十分育てられる。
「限られた空間の中ですが、環境さえ安定すればこまめな手入れは必要ありません。また、水槽は引き戸を閉めておけば毎日の水やりも不要。海外に採集に行くときは一週間以上不在にすることもありますが、事前に水のチェックさえしておけば、大丈夫です」
　最近はアグラオネマなどの交配も手がける。
「様々な表現が出そろってきているので、それを交配してどんな面白いものが出てくるのか。今後が楽しみです」

開花のタイミングが合えば、A.ピクタムの授粉をしてタネとりもしている。写真は'天照'の若い種子。

レプトプテリス・ウィルケシアナやダナエア・ウェンドランディなど。採集した変異株など、個人的に栽培するシダ類が並ぶケース。

上／H.カミニフェルムはエアコン室外機の上で試験的に栽培。「かなりの強健種かも」。 下／窓際の衣装ケースの植物は、自然光のみの放任管理。

「通常は赤玉土、鹿沼土、軽石などの配合用土を使っていますが、鉢が深くなる場合は細かく刻んだ水ゴケを主体とした軽めの用土も具合がいいですね」

PART 2
LIFE
WITH BIZARRE PLANTS
~HIGH HUMIDITY~

大株に仕立てられた圧倒的なアグラオネマコレクション

手入れの行き届いた植物店もかくやという光景。室内は整頓、清掃が行き届き、管理もしやすそう。

渕上佳昭

ふちがみ・よしあき　園芸・植物歴／15年
現在のおもな栽培植物／アグラオネマ、シダ
nstagram／@kkf_plant

充実した株は常湿管理。広々としたスペースだが、基本的に渕上さんしか入らない場所なので、人ひとりが通ることだけを考慮してのレイアウト。

大株に仕立てられた圧倒的なアグラオネマコレクション

栽培には爬虫類飼育用のガラスケースを、密閉性を高める改造をし使用。株分けをして、株元の茎が木化するまではケース内で育てる。

A.ピクタム LA0816-03j。本来持つ葉模様の表現をしっかり出させつつ、地際からこれだけ節間(葉が出る間隔)が詰まった株は丹精のたまもの。

露地植えのアオキか何かのように茂ったA.ピクタム'ブルーニアス'。大株に仕立てるのが身上の、渕上さんらしい見事な株。

A.ピクタム'妖鳥'。細葉がきれいに展開した株。

渕上佳昭

適湿で根を維持 下葉が茂った 株をつくる

　渕上さんの仕事場の一角に作られた栽培スペースに並ぶ10台の90cmケースと5台の60cmケース。ケースの中にも外にもアグラオネマ・ピクタムがひしめくように置かれ、栽培されている。

　幼苗のうちは湿度がある環境を好むためケースで栽培し、茎が木質化してきたら部屋の常湿環境で管理。大株はいずれも株元からしっかりと葉が生えそろった株ばかり。

「下葉が枯れて腰高になってしまう一番の原因は、水が足りていないこと。一鉢一鉢確認して乾く前に水を与え、根を常に適湿状態にするのが大事」

　渕上さんが使う用土は小粒の赤玉土と鹿沼土の配合で、特に水もちをよくした配合ではない。むしろ、植えつける際は何度も水を通して、用土中のみじんを抜いて滞水を避け、根回りの空気を確保する。大株は日ごろの観察と、適切な灌水のたまものなのだ。

A.ピクタム'キャシーク' LA0816-1ss。2株に株分かれしているため葉数が多いのもあるが、下葉も枯れ上がらず、葉が密に茂った充実した株。

水道水は浄水器を通してカルキ抜き。水やりは、浄水器に直結したホースを栽培スペースまで伸ばして行う。

A.ピクタム'妖鳥'ב氷肌玉骨'の交配。「まだ株が小さいので葉模様の表現や株姿の特徴が完成していませんが、これからが楽しみな株」

上／打ち合わせスペースにもアグラオネマ。
下／デスク周辺にも植物が満載の仕事環境。

雨林植物入門

取材、文／編集部

最近人気が高まっている雨林植物。
栽培ケースを使った園芸は、
これまであまり目にすることがないような栽培スタイルなだけに
取っつきにくさを感じるかもしれないが、
メリットや楽しさもある。

ローメンテナンスでも楽しめる

　60ページからの記事にも登場する長谷さんは、年に10回以上も植物の採集に赴くため、時には二週間近くも家を空けるが、それでも雨林植物の多くは無事に成長を続けている。もちろん、タイマーをセットして必要な時間植物に光を当てたり、夏期であれば高温になりすぎないように、冬季であれば低温になりすぎないようにエアコンをセットしたりといった管理は必要だ。だが、通年湿度が高い熱帯雨林で育つ植物は、気温や湿度が安定した水槽のなかであれば、少々放っておいても元気なままでいることができる。ここでは、アグラオネマをベースに、雨林植物栽培の基礎知識を説明していく。

栽培場所

　アグラオネマなどの雨林植物は、雨の多い地域の森林の林床に生える植物である。そのため強い光は必要なく、逆に強光で植物が傷んでしまうこともある。

　自然光を利用する場合、直射日光が当たらない場所で育てる。水槽などで栽培する場合も、直射日光が当たると内部が高温になってしまうので、日なたに置くのは避ける。室内なら、人が快適に生活できる18〜26℃くらいを目安にエアコンなどで温度調節するとよい。

水槽、栽培ケース

　p62〜65の渕上さんの部屋を見ればわかるように、常湿（生活環境の湿度）で育つ雨林植物もたくさんある。だが、その場合は、エアコンをつける際に湿度が下がりすぎないよう、加湿をするなどした方がよく育つ。　植物を入れる容器は魚を飼う水槽でもよいし、小さな植物であれば100円ショップで売っている透明ジャーなどで

レプタイル・ケージは、前面にある引き戸の下が左写真のようなメッシュになっており、ここと上部の通気口を風が通り、緩やかに換気される。

水槽の底には水があった方が湿度が保たれるが、鉢が浸からないようにする。右は人工芝の上に軽石を敷いている例。

も。ただし、容器が小さくなると、ちょっとした変化で一気に環境が悪化することもあるので要注意だ。手入れや植物の出し入れを考えると、前面が開くガラスケースが便利。爬虫類用の飼育ケージ(レプタイル・ケージ)を使う人もいる。レプタイルケージは、閉めきった状態でも通気穴を通して適度に空気が循環する構造になっているものがある。雨林植物の場合はこの穴を塞いで使う方ことも多い。水槽の底には軽石などを2cmほど敷いておくと、水やりしたあとに鉢が水に浸かりっぱなしにならなくてよい。

用土

記事に登場する長谷さん、渕上さんは赤玉土、鹿沼土、軽石類の配合用土を主に使っているが、幼苗は水ゴケで育てるなどの使い分けもしている。また、株が大きくなっても水ゴケで育てたり、ヤシ殻チップで育てる人もいる。腐葉土のような有機質も好むが、湿度が高く風が少ない環境下ではカビなどの原因になりやすく、あまりおすすめ出来ない。

LEDライト

アクアリウム用のLEDライトを使う人が多いが、LEDの光は直進性が高く、あまり植物と近づけると、水槽全体があまり明るくならない割に、特定の植物だけ葉が焼けてしまうことがある。ある程度、植物との間隔を取って使用した方がよい。蛍光灯型、電球型など、チップがむき出しになっていない白色LED電球は、手に入りやすく葉も焼けにくい。

照明のオン・オフは手動でやってもよいが、タイマーを使う方がつけ忘れ、消し忘れがない。1日12時間を目安に照射する。

肥料

液体肥料(月に数回)か固形肥料(数ヶ月に1回)を与える。固形の有機質肥料は、未完熟なものだとカビや虫が発生する原因となる。

肥料が足りないとタネがつきにくいともいわれるので、実生、交配をしたい場合は、肥料を切らさず与える。

水やり

用土が乾ききる前に与えるが、水槽内であればそれほど頻繁に水やりをする必要はない。ただし、月に2〜3回は鉢底からたっぷり水が流れ出るまで水やりをする。根から出る老廃物を洗い流すとともに、用土の中に新しい空気を送り込むためだ。

用土を入れる前に、鉢底に大きめの軽石を入れておくと、鉢の中に余分な水がたまりにくい。

水槽内はカビが出やすいので、慣れないうちは化成の固形肥料や液体肥料が扱いやすい。

PART 2
LIFE
WITH BIZARRE PLANTS
~HIGH HUMIDITY~

リビングに巨大ビカクシダが鎮座する暮らし

リビングにはビカクシダを吊るためのハンガーが2台。いずれも自作したもの。右のラックにかかっている巨大ビカクはウィリンキーとアンディナム。

Plachang

Plachang 神奈川県横浜市在住
園芸・植物歴／30年
現在のおもな栽培植物／ビカクシダ、多肉植物、ブロメリア、
Instagram／@plachang　Twitter／@plattojp

国内では流通も少ないクアドリディコトマム。高湿度で通風のよい環境で、姿よく育てられた株はきわめて希少。後ろにある栽培ケージで育てられている。

リビングに
巨大ビカクシダが
鎮座する暮らし

P.クアドリディコトマムやP.マダガスカリエンセなど、高い湿度と通風、を好む種専用ケージ。中にはミスト発生装置とサーキュレーターを入れている。

Plachang

熱帯への憧れから始まった多彩な植物遍歴

　ビカクシダを育てている人がネットで必ず行き着くサイト『俺のビカクシダ』を運営するPlachang氏。小学生のころから熱帯への憧れがあって、観葉植物を育てていたが、中学生時代にビカクシダ（プラティセリウム・ビフルカツム）と出会い、以来30年のつきあいとなる。

　現在は厳選した株のビカクシダのみを育てているが、部屋の真ん中には巨大なウィリンキーとアンディナムが鎮座し、隅の栽培ケージにはクアドリディコトマムとマダガスカリエンセがいるという暮らしぶり。

　しかし、植物とのつきあいはビカクシダだけではなく、ベランダには15年以上栽培しているパキポディウム・グラキリウスなどの多肉植物、ブロメリア、ソテツなどがずらり。ハイビスカスやプルメリアなどの熱帯花木、さらにはイングリッシュローズまで栽培する間口の広さだ。

現在、ビカクシダは種類も数も絞って栽培。思い入れのある株、長年育てた大株は万全の状態で維持している。

上／カトレア、デンドロ、プレウロタリス、ソブラリア、プテロスティリスなどのランも栽培。　下／貯水葉に覆われたリドレイには、段ボールのパイプから水やり。

アデニア・スピノーサ。マンション18階のベランダは風が強いので、鉢土の表面だけが乾いてしまう。バークでマルチングして乾き方を調整している。

PART 2　LIFE WITH BIZARRE PLANTS ~HIGH HUMIDITY~

植物に合わせて作り上げた栽培場

春〜秋はハウス側面を開放して通気よく管理。「虫の食害が多い品種は中で、暑さを嫌うものや雨水に当てたい品種は外、など性質毎、季節毎に移動しています」

南米唯一の原種P.アンディナム。白く毛深い星状毛が特徴。「夏は暑さと蒸れに気をつけて風通しのよいところで育てています」

もともと敷地内に生えていた常緑樹の下につくった栽培スペース。「自然の木漏れ日をそのまま遮光に利用してみるのも面白いです」

P.リドレイのドワーフ。変形してクシャッとした形に展開する変種。成長は遅く気難しいところがあるがコンパクトに楽しめるのもよいところ。

飯田史よ

いいだ・ふみよ 千葉県在住
園芸・植物歴／9年
現在のおもな栽培植物／ビカクシダ、ティランジア、着生ラン、ミニ盆栽
Instagram／@necomoss　Twitter／@necomoss

季節の変化や品種に合わせた多彩な環境作り

風が抜ける屋外の栽培場。周囲を完全に囲わず風通しを確保。「暑さに弱いものはここ。光は季節によって遮光ネットで調整しています」

千葉県でイベントなどへのポップアップ出店と通販の植物店を営んでいる飯田さん。店の商品に加え、自分の趣味でコレクションしている多種多様な植物を栽培している。敷地内には頭上に遮光ネットを張った屋外の栽培スペースと、冬にはヒーターで温暖に保つビニールハウスの二つの栽培場。風通しや日当たりなど様々な環境をつくり、品種ごとに異なる好きな環境や、季節に合わせた栽培場所を移動させながら育てている。

以前はベランダと室内窓際で栽培していた飯田さん。「光の方向に葉を伸ばすビカクシダの葉を上に向かって伸びさせたくても、ベランダでは空間に限りがありました。ビニールハウスでは上からの光をふんだんに利用できるので、よい形の株がつくりやすくなりました」

熱がこもる真夏はハウスの屋根の上に遮光ネットを浮かせることで、極力熱を逃がすようにしている。

屋外に吊るして栽培している着生ラン。「暖かい季節はなるべく自然の雨風に当てて育ててあげたいと思っています。植物全般不思議と雨水は生育良く感じます」

上／「胞子培養は試行錯誤しながら定期的にまき続けています」
下／ハウス内の温湿度はデータロガーで記録。外出先でもモニター可能で安心。

75

PART 2
LIFE
WITH BIZARRE PLANTS
~HIGH HUMIDITY~

形よく株を つくるための こだわりの数々

リビングを出てすぐのベランダは幼株や子株の栽培スペース。窓際、物干し竿に吊るす株は全て外に向けており、観賞より栽培優先。

けもじ屋さん独特の水苔を盛り上げる仕立て。根を張る場所が増え貯水葉を美しく展開させ、株分けや板替え、仕立て直しが楽になるという。

上／できる限り株は光の方に向けて吊るので、普段は板の裏側しか見えない。下／ルーパーフェンスを使ってルーフバルコニーに作った「ビカク小屋」。

kemoziya

けもじ屋 東京都足立区在住
園芸・植物歴／7年
現在のおもな栽培植物／ビカクシダ、着生ラン、熱帯植物
Instagram／@kemoziya

マンションのベランダで様々な種を栽培

ハウス内部の様子。上からふんだんに光が入ることで、胞子葉が自然と上に向いて立つように出る。四方から風が入るので通気はいいが、乾燥しやすい。

　けもじ屋さんが育てているのはほとんどがビカクシダ。中でも特にお気に入りのヒリー系をメインに様々な品種を栽培している。

　風通しのよいマンションの13階なのでとても風通しがよい環境だ。

「環境のせいもあるかもしれませんが、マダガスカリエンセ、リドレイ、コロナリウムがちょっと苦手かも」

　リビング前のベランダは、部屋から株の正面が見えるように吊すと日光を正面から浴びる事が出来ず形がよくならないので、可能な限り太陽に向けて吊るして栽培している。あくまでも観賞より栽培が優先だ。

　着生させるときの水苔の盛り方もけもじ屋さんの強いこだわりの一つ。水もちがよくなり過ぎて根腐れが起きないよう、ベラボンを水苔でくるんで半球体になる様に形を整え、丸く盛り上げて仕立てる。こうする事で、貯水葉が水苔を包んだときに姿よくまとまるのだという。

タイのビカクシダ生産者、ヨット氏がつくったヒリー選抜品種'ポリー'。波打つ葉が長く垂れる、迫力のある株姿が特徴の品種。

憧れの品種'雷神'。株を探していくうちに、'雷神'を作出したタイの生産者本人に直接御対面したという思い入れの強い特別な一株。

Column by Plachang

ビカクシダ栽培の基礎知識　　Plachang

ビカクシダと一口にいっても、元々の原産地によって好む環境は様々。
ビカクシダを栽培して30年以上の経験を持つPlachan氏に
各原種を、温室やビニールハウスではなく、
一般家庭のベランダで栽培するためのポイントを伺った。

基本的な育て方

● 水やり

　成長活動期は水を好む。普及種のビフルカツムであれば、屋外では4月から12月までの期間がこれに当たる。水ゴケが乾いて、生乾きの状態になってきたら水を与える。表面は乾いているけれど、指で水ゴケを押してみると中の方に湿り気を感じるぐらいが目安で、このぐらいになると全体の重量が軽くなるので判断できる。

　新しい水ゴケは色の変化で湿り具合を推測しやすいが、劣化してくると変化が分かりにくくなる。また貯水葉に覆われて水ゴケが見えなくなることもあるので、普段から重量の変化を感じとることに慣れておくとよい。しっかり水を与えたあとはずっしりと重いが、乾いてくると軽くなる。

　乾いた水ゴケは水を弾いてしまうので、ゆっくり時間をかけて、水が十分水ゴケの中まで染み込むようにかける。水ゴケだけではなく、枯れた貯水葉の後ろ側にもかけるとよいが、あまりかけすぎると成長中の貯水葉が腐りやすい。水を与えるときは必ず、しばらくの間株の下からポタポタと水が滴り落ちるほど与える。水やりを終わると同時に滴りが止まるようでは不十分。

　胞子葉が伸張して成長サイクルが終わると、次の成長サイクルが始まるまでの、目立った動きがない期間を迎える。成長休止期である。気温が低く葉の成長がほとんど見られない期間も成長休止期に当たる。この時期は、成長活動期の水やりのタイミングからさらに3日ほど経ってからたっぷりと与える。栽培場所の冬の最低気温が低いほど水やりを控える。

● 肥料

　成長期には肥料を好む。活動開始時に固形の完熟有機肥料を与え、盛んに葉が展開する時期にはハイポネックス原液を5000倍ほどに希釈したごくごく薄い液肥を潅水がわりに与えるとよい。

　生油かすは効き目が強いので、肥料当たりに注意する。小さじ1～大さじ1程度を株の大きさに応じて、成長開始時に与える。成長サイクルが終われば肥料はあまり必要としないが、月一回ほどごく薄い液肥を潅水がわりに施すとよい。

● 置き場所

　日照は半日陰を好む。夏は、7時ごろまで直射光を当て、7時以降は午前中30～45％遮光、午後は日陰を目安にし、地域や種類によって調整する。冬は、9時ごろまで直射光で9時以降午前中は30％遮光、もしくは終日30％遮光を目安に。光量を増やす場合は、葉焼けさせないよう風通しや水切れに注意する。

　通風は風速0.5～1.5m/sほどが適当。周囲の空気が常に緩やかに動いていることを好む。時折葉が穩やかに揺らぐ程度の風がよい。通風が弱いといつまで経っても根元が乾かず根腐れの原因となりやすい。

　逆に風が強すぎるとミズゴケの表面だけが乾きやすく、適切な潅水のタイミングを見失いやすい。葉が長い種では葉が擦れ合って傷つき美観

を損ねる原因にもなる。

● トリミング

　ビフルカツムやそれに準ずる種類は何枚もの胞子葉をつけるが、幾重にもなった葉の隙間にカイガラムシなどの害虫が繁殖しやすい。必ず行わなければならないものではないが、少し胞子葉を間引いて通風を確保するとよいこともある。

● 葉水

　葉がひどく汚れると美観を損ねるだけでなく葉に新鮮な空気が届きにくくもなる。葉の汚れを洗い流す目的で1か月に一回程度を目安に葉水をすることがある。葉が何時間も濡れたままだと病気を発生しやすいので注意する。

各原種の栽培のポイント

アンディナム　*Platycerium andinum*　大型種

　成長活動期は基本のメリハリのある潅水をしつつ、水が切れて萎れることのないようにすると葉がきれいに展開する。成長休止期はやや控えめの潅水。

　日照は明るい日陰から半日陰、明るめまで幅広く対応する。周囲の空気が緩やかに動いていることを好む。夏は朝晩の気温が25℃程度まで下がることが望ましいが、高山種の植物に求められるほどの冷涼な環境は必要ではない。冬は14℃以上を目安に。

ビフルカツム　*P. bifurcatum*　強健種

　成長活動期の潅水は普通。成長休止期はやや控えめに。寒さに強く無霜地域では年末まで屋外で成長を続ける。凍らないように気をつければ屋外越冬も可能。最低気温が8℃を下回る場合は成長を続けていてもやや控えめの潅水。0℃付近になる場合は持ちあげて十分軽くなったことを確認するか、葉が萎れてきてから潅水した方が安全。低温越冬は葉が傷みやすいので、できれば最低5℃以上を確保したい。

　日照は日陰から強光線まで対応するが、半日陰から明るめの日照がよい。葉の形がシンプルな分、徒長した場合に葉姿の乱れが目立つ。日照と風通しを十分確保して管理することで、引き締まった姿に仕上げたい。

　成長が旺盛で胞子葉が多くつくこともあるが、風通しに気をつけ害虫繁殖予防に注意。暖地では、3月〜7月、8〜12月下旬にかけて、年二回の成長活動期があり、成長力が旺盛。

ヒリー　*P. hillii*　強健種

　ビフルカツムに準じるが、やや寒さに弱いようだ。最低5℃以上を確保したい。

ビーチー　*P. veitchii*　強健美麗種

　ビフルカツムに準じる。強光線を好むが、すりガラスを通した程度の遮光をした方が無難。長時間直射日光下に置くと葉焼けしてしまう。

　全身を白い微毛が密に覆い、とても美しい。微毛が落ちないよう、大粒の雨や激しい風雨にさらさないように育てたい。

ウィリンキー　*P. willinckii*　美麗強健種

　ビフルカツムに準じるが、やや寒さに弱い。最低8℃以上を確保したい。

コロナリウム　*P. coronarium*　美麗巨大種

　大きく育った株では、幅1m全長2〜3mにもなり、また子株を出して群生する。とても巨大に育つため、十分な栽培スペースを確保したい。またたっぷりと潅水するとかなりの重量となるので、落下に注意。

　年間を通して植え込み材が乾いたことを確認してから十分潅水する。巨大株の室内栽培では、成長活動期は7〜10日に一回ほど、成長休止期は2週間に一回ほどの潅水頻度であった。

　日照はやや明るめ。夏、朝の直射光に当てる時間を9時ぐらいまで少し長めにするとよりよい。冬季は最低14℃を確保したい。巨大種は葉が大きい分成長にも時間がかかるため、年間を通して気温を確保し、十分成長できるように。年間を通して貯水葉が瑞々しい緑色を保つような温度

Column by Plachang

管理、水分管理を目指したい。

グランデ　P. grande　巨大種

通年、水ゴケが乾いたことを確認してから十分潅水する。成長休止期は乾かし気味に。

巨大に成長すると根元が見えなくなり、潅水のタイミングの見極めが難しくなる。重量も相当のものになるので持ち上げて重さを感じ取ることも難しい。脚立に登るなどして、高所から貯水葉の裏側の湿り気を確認する必要が生じる。1月～3月ごろの成長休止期であれば、体内から水分が抜けて貯水葉の緑色が白んできたり、胞子葉がややしおれ始めたことを目安にして潅水してもよい。ただしこの場合は、体内の水分が少ない状態になっているので強光線で葉を傷めないように注意が必要。

日照は半日陰から明るめ。冬季最低14℃を確保したい。巨大種は葉が大きいぶん成長にも時間がかかるため、冬期も温度を確保し、十分成長できるようにしたい。

巨大に育つため、十分な栽培スペースが必要。また、たっぷりと潅水するとかなりの重量となるので、落下しないように気をつける。年間を通して貯水葉の生気を（全身が緑色の状態を）保つような温度管理、水分管理を目指したい。

ホルタミー　P. holttumii　美麗巨大種

グランデに準じる。

巨大株の室内栽培では、成長活動期は7日に一回ほど、成長休止期は10～12日に一回ほどの潅水頻度であった。

室内栽培での日照は窓からの一方向であったが、葉の表面が上方（空のほう）を向く本来の美しい姿に育てるためには、上方から光線を当てる工夫が必要。明るめの日照を好むように思う。

スーパーバム　P. superbum　巨大種

グランデに準ずる。長期栽培の経験はないが、冬季は比較的低温にも耐えるようだ。

ワンダエ　P. wandae　巨大種

グランデに準ずる。

アルシコルネ　P. alcicorne

成長活動期の潅水は普通。成長休止期はやや控えめを意識して。日照は半日陰から明るめ。

冬は暖かく。14℃以上を目安に。低温と乾燥の組み合わせにそれほど強くないように思う。ある程度の温度を確保しつつ、適度な水分を与えたい。

アフリカ地域原産種は年一回の成長サイクルで成長活動期と成長休止期がはっきり分かれている。活動休止期に多めに水を与えても成長活動の再開を早めることにはつながらない。ペースに合わせ成長活動が再開するまでやや控えめの潅水を。

エレファントティス　P. elephantotis

アルシコルネに準じる。成長活動期は基本のメリハリ換水をしつつ水切れさせないようにすると葉がきれいに展開する。成長休止期はやや水を控えめに意識して。

ステマリア　P. stemaria

エレファントティスに準じる。

エリシー　P. ellisii

なめし皮のような独特の葉の質感が面白い。

成長活動期の潅水は普通。成長休止期はやや控えめを意識して。年間を通して、極端に乾くことがないよう注意する。長期栽培の経験はないが、ヘゴ板につけるより、鉢植えで根元の水分が安定していたほうが成績がよかった。

マダガスカリエンセ　P. madagascariense　美麗種

網目状に葉脈が浮き上がる貯水葉が奇妙であるが美しい。

年間を通じて、根元に適度な水分が安定してあることを好む。常にびしょ濡れはNG。素焼鉢に水ゴケで植えて浅い腰水にしたり、ヘゴ板に水ゴケで付けて板の下部を浅く水につけてもよく育つが、それよりは、ジョロで水をかけて根元の

水分を維持する方がきれいに育つ印象。根元の水分を維持したいので、冬は暖かく。14℃以上を目安に。空中湿度も好むが、常に高湿度（70％以上）である必要はない。蒸れによる腐敗予防のため、日中の潅水より日没後の潅水がよいと感じる。日照は半日陰から明るめ。

クアドリディコトマム　P. quadridichotomum

他のビカクシダと比較して、成長の各ステージ、また周囲の空中湿度によって、要求する根元の水分量が大きく変化するようだ。成長活動期は普通の潅水。基本のメリハリ潅水をしつつ水切れさせないようにすると葉がきれいに展開。

活動休止期の水分管理には特に注意が必要。根元が濡れていても、空中湿度が低くなると胞子葉が乾いて巻いてしまい休眠しやすい。根元が濡れたまま休眠状態になると、根腐れしてそのまま枯死することが多い。

空中湿度が低くなりやすい冬期は、ケースに入れるなどして空中湿度を保持し、休眠しないように管理するとよい。成長休止期でも活発に水を吸いあげるためか根元が乾きやすい。ケースに入れていても水不足で極端にしおれないよう、潅水のタイミングを見逃さないように気をつける。

日照は半日陰から明るめ。冬は暖かく、14℃以上を目安に。

リドレイ　P. ridleyi　美麗種

成長活動期の潅水は普通。貯水葉が根元を覆うように展開し植え込み材の乾き具合を判断しにくくなるので、重量による水分の管理に慣れておくとよい。冬14℃以上を確保し、葉の成長を妨げないよう水分管理にも気をつける。ただし水の与えすぎに注意。

水ゴケに水をかけることができない場合は、バケツやたらいに水を張り、5分〜10分ほど株を浸ける。あまり長時間水に浸すと成長完了した緑色の貯水葉が傷むことがあるので注意する。

日照はやや明るめ。冬季、成長を続けるようであれば、十分な日照を与えるようにしたい。

つけ替えの際に、しっとりと湿り気を帯びた古い貯水用の表面に根を張る様子が観察できる。枯れた貯水葉にはほとんど貯水組織がないが、根元を固く覆うことで水分蒸散を防いでいるようだ。大きな株では、数年に一回、枯れた貯水葉の隙間に水ゴケをしっかりと詰めてよいと思う。

年間を通して貯水葉を瑞々しく保つような温度管理、水分管理を目指したい。

ワリチー　P. wallichii　美麗種

クアドリディコトマムと同様、成長休止期の低湿度に注意が要る。成長休止期の冬季に空中湿度が低くなってくると、胞子葉を巻いて休眠してしまうが、水やりの管理を誤ると根腐れでそのまま枯死しやすい。栽培下では、完全に休眠しないよう、最低14℃ほどを保ち、フレームなどのケースに入れて60％前後の湿度を確保するとよいと思う。

8月中下旬には成長を完了し活動休止期となる。活動休止期も水ゴケが乾いてからの潅水をつづけるが、1〜2月下旬の厳冬期は、水ゴケが乾き胞子葉がしおれ始めてからの十分な潅水とすると安全。2月中下旬になると新たな成長サイクルの貯水用が育ち始めるが、急激に水の量／潅水の頻度を増やすことはしない。活動休止期（冬）、根元が十分濡れているのに葉が萎れてきた場合は根にトラブルが発生した可能性が高いが、回復は難しいように思う。

根張りが旺盛で、3年ほど経つと新たな根をはる余地がなくなってくるので、その場合は成長活動期前半のうちに板につけ直すとよい。

PART 2
LIFE
WITH
BIZARRE
PLANTS
~HIGH HUMIDITY~

温室と冷蔵ケースで難栽培種を育てこなす

懇意にしているラン園の空いている温室を知人と共同で借りている。毎日の水やりはラン園でやってもらい、最低1か月に1回は訪れて観察と作業を行う。

石井佑基

いしい・ゆうき 東京都豊島区在住
園芸・植物歴／30年
現在のおもな栽培植物／地生ラン、着生ラン
Instagram／@y.ishii622　　　Twitter／@tarikihonganji6

山野草全般に造詣が深い石井さん。温室での栽培はランが中心だが、写真中央の巨大なゾウコンニャクやコウトウシュウカイドウなどラン以外も栽培。

温室と冷蔵ケースで
難栽培種を
育てこなす

パフィオペディルムのベトナメンセ、ニビウム、マリポエンセの苗。個体差や、ロス分も考慮して、購入時は1ケース（10株）ずつ買っているそう。

国内のランも地生、着生問わず栽培している。写真は沖縄のダイサギソウ。ほかにもベニカヤラン、クモラン、マメヅタランなども栽培。

ハウス内はセンサーで温湿度をモニター。「便利ですが、どうしても1年で2〜3℃の誤差が出るようになってしまうので、水銀式温度計と併用した方が確実」

上／ダーリングトニア・カリフォルニカ。「冷蔵ケースで維持はできているけれど紫外線がないので徒長気味」
下／貸し温室の水加減もマメに指示。

俗に「ゴーストオーキッド」とも呼ばれるデンドロフィラックス・リンデニー。葉が無く、根で光合成するランの中でも、乾燥を嫌う難栽培種。

冷蔵ケースにはCO2も添加。「空気中のCO2濃度が高い方が植物の生育がよくなります。昼間は600ppmがよいようです」

石井佑基

IoTを駆使して
どこにいても
環境を把握

　ランや山野草の栽培家として知られる石井さん。最近強い関心を寄せているのは地生ラン、パフィオペディルム。

　栽培は自宅では環境が整わないので、懇意にしているラン園の空いた温室を借りて行っている。温室を訪れるのは月に数回だが、IoT機器を活用して温湿度をモニターしたり、常に状況は把握している。

　自宅では、自然条件を活かした栽培は難しいが、だからこそ人工的な環境に振り切った冷蔵ケースでアツモリソウなどの高山性、冷温性植物の栽培を行っている。ケース内部は夜（LED消灯時）は10℃、朝と夕方は20℃、昼間は25℃ときめ細かく設定。さらに湿度は昼間60％、夜間80～90％に調整しCO2添加も行うなど、限られたスペースで濃い栽培を行っている。

ワインクーラーを改造した冷蔵栽培ケース。LEDの昼夜オンオフはもちろん、タイマーとサーモスタットを併用して、3段階に温度が切り替える。

PART 2
LIFE
WITH BIZARRE PLANTS
~HIGH HUMIDITY~

ベランダの作場で咲く世界の奇花

作場の東側の壁にはセッコクのコレクションが並んでいた。以前は花の変異に興味があったそうだが、近年になり柄物(長生蘭)も楽しむようになったそうだ。

谷亀高広

やがめ・たかひろ　埼玉県所沢市在住
園芸・植物歴／30年
現在のおもな栽培植物／ラン科植物、球根植物
Facebook／https://www.facebook.com/takahiro.yagame

奥にはカンランが、手前にはオキナワチドリ、オルキス、オフリスなどの鉢が並ぶ。ブルンスビギアやハエマンサスといった球根植物もある。

棚下には主にカンアオイが並ぶ。補助的な照明としてLED照明を入れていた。棚上からの水は棚下に落ちないよう、排水管が設けられている。

ベランダの作場で咲く世界の奇花

セファロタス・フォリキュラリス'ジャイアント'として入手した個体。大型になると捕虫嚢は5〜6cmに達する。「密閉条件で栽培すると良好に生育します」

地中海原産のサトイモ科植物、アンブロシナ・バッシ。通りがかる虫を陥れるかのような上向きの花を地面の上に咲かせる奇花。

今期待を寄せている、テラリウム。壁面にホソホウオウゴケや南米産ウィローモス等が活着。アクアリウム用クーラーで冷やした水を庫内に循環させ、CO_2も添加。

ステゴビル（捨て小蒜）。ノビル（野蒜）に似るが食用に適さないことからその名がある。こうした控えめな山草も、谷亀さんが好む植物の一つ。

谷亀高広

国内でもまれな難栽培種の開花に成功

　国内外の野生植物に深い知識を持っている谷亀さんは、山野草全般や、オキナワチドリなどの日本に自生する地生ランの栽培でも知られる人物。

　栽培棚には春蘭、カンラン、セッコクなども多く並ぶ中、多肉植物や南アフリカの球根植物も一緒くたに栽培されており、マルチな興味を伺わせる。

　もともとランと共生する菌についての研究をしており、国内でも珍しいディサ・ムルチフィダを開花させる手腕の持ち主でもある。

　こうした植物をバルコニーの栽培棚で育てる一方、室内でもLEDやガラスケースなどを使った植物の栽培の検証を行っている。

　「照明やケースなど、室内での園芸に向いた資材が手に入りやすくなった今、ケース栽培の技術を活かして、より多くの人にランなどの室内栽培を愉しんで欲しいですね」

ディサ・ムルチフィダに近縁なD.スパスラータを植えつけた鉢。現在、ディサの仲間だけで4種栽培中。「ディサ属は種数が多く、その性質は様々です」

もともと菌類生態学が専門の谷亀さんは共生菌を用いてランを栽培する様々な技術を持つ。ビンでは南アの地生ラン、D.ムルチフィダの共生菌が培養されていた。

谷亀さんが2017年に日本で初開花させたディサ・ムルチフィダ。共生菌の助けがなければ育たないため、園芸化は困難。下垂した唇弁の先端からは甘い香りが。

PART 1
LIFE
WITH BIZARRE PLANTS
~XEROPHYTE~

高層マンションで
カトレアを
咲かせる

アームストロング家のリビング。大きな窓のある一角は、壁が直角ではないので角度に合わせて夫のアームストロング氏が作ってくれたもの。

アームストロング恵

アームストロング・めぐみ 東京都港区在住
園芸・植物歴／7年
現在のおもな栽培植物／着生ラン、ビカクシダ
Instagram／@mgmillie

恵さんが最も好きなカトレアの一つ、カトレア・セルヌアの大株。

高層マンションで
カトレアを
咲かせる

リビングの隣の小部屋はランの栽培ルーム。通年エアコンの温度設定を冬は15℃を下回らないように、夏は26℃を上回らないように設定しているそう。

ファレノプシス リトルブルーバード。最初にランに触れるきっかけになったのがファレノプシス。今でもいくつもの種類を育てている。

栽培ルームの窓は西向き。「そのままだと光が強すぎるので、窓にはモザイク柄のビニールフィルムを貼ってランが強光にさらされないようにしています」

アームストロング恵

コチョウランから はじまった ランとの暮らし

ランとのファーストコンタクトがコチョウラン（ファレノプシス）という人は少なくないが、恵さんもその一人。ギフトでもらったファレノプシスを育てているうちに、一株また一株と増え、ファレノプシス以外のランも育てるように。

もっとも多く育てているのはカトレアの仲間。

「華やかな大株の交配種もあれば、野の草のような小さな種もあって、香りも楽しめるのがいいですね」

ベランダがないので、栽培は全て室内で行う。日光は西日しか射さない、決して恵まれた環境ではないが、LEDやサーキュレーターを使って、一年中花を楽しんでいる。

かなりの株数を育てているが、家族とは「美観を損なわないように育てる」という約束になっているのだとか。そうした縛りがありながらも、これだけの数を美しく咲かせられるという好例といえそう。

セイデンファデニア・ミトラタ。細長い多肉質の葉が下垂する特徴的な株姿。常緑のランは、花がない時期でも観葉植物的に楽しめるのもいいところ。

ベランダがないので、植え替えなどの作業はキッチンで。

上／鉢受け皿はアンティークのガラスの皿などで、よいものがあればこまめに買い集めたものを。下／水やりはジョウロと大きめのトイレを使って部屋の中で。

ブラソカトレア オーグレイズ コミックページ。華やかさの中に清楚さを漂わせる品種。緑がかった花弁と、濃い赤紫色のリップ*のコントラストが美しい個体。

*リップ＝唇弁。ランの花の前面に広がる大きな花弁のこと。

高層マンションで
カトレアを
咲かせる

セロジネ タイニーホープ。「交配親のミニアータのオレンジ色を引き継ぎながら、透明感のある花弁がなんともいえずチャーミング」。

ファレノプシス カサンドラ。「交配親のスチュアーティアナとエクエスティリスの特徴のいいところがきれいに出ていて、お気に入り」

レナンセラ・モナチカ。エキゾチックな模様が花に入る、トロピカル感満点の種。フィリピン原産で、バンダに近い単茎種のラン。

アームストロング恵

カパネミア・スペルフルア。小さな花が房のようになって咲く可憐な種。「石けんのようなやさしい香りがして、咲くと嬉しいランの一つ」。

カトレア・アラオリ'クワド'。草丈10cmほどの原種の選抜品種。草丈の割に、堂々とした花を咲かせる。「リップの色が濃くてよく咲いてくれるよい子です」

カトレア レッドドール。「今では何輪も花を咲かせてくれますが、最初はとても小さい苗で入手。ここまで育て上げて咲かせたので、思い入れがある一株です」

カトレア・マキシマ'ゴージャス'。「リップにくっきり筋模様が入って、マキシマらしさがあって好きな品種」

レプトテス・ビカラー。「小さな花ですが、毎年よく咲いてくれるので、育て甲斐がある株」

95

PART 2 LIFE WITH BIZARRE PLANTS ~HIGH HUMIDITY~

ベランダと部屋に溢れるラン

ランに限らず部屋中植物が満載の内村さんの部屋。ベランダの植物を取り込む冬はことさら植物の密度が高い。ピンクの花はクロウェシア グレース・ダン。

内村　優

うちむら・ゆう　園芸・植物歴／4年
現在のおもな栽培植物／着生ラン
Instagram／@mimolette3

カトレア ミニパープル。「カトレアは種類によって習性が異なるので咲かせるのが難しいものもありますが、ミニパープルは咲かせやすいタイプ」

クロウェシア ジョーベッツ'ティンマン'。「着生植物であるランは思い思いの姿で咲くところが好き。なかでも花が下垂して咲くランは特に好きなタイプです」

チシス・ブラクテスケンス。着生させるとバルブが下垂するラン。新しく出た芽の出はじめに花が咲き、開花後に成長してバルブになっていく。

ベランダと部屋に溢れるラン

モルモデス・ティグリナム。濃いワインレッドの花に、リップだけがビビッドなオレンジ色がよく映える。写真ではリップは上向きに咲いている。

バルボフィラム・ヌタンス。奇妙な花も多いバルボフィラムだが、ヌタンスは繊細な淡黄色の花を咲かせる可憐な種。スタンドは直方のたかしまえんで購入。

ハラエラ・レトロカラー。「数が増えてくると、場所を取らない小型ランはありがたいですね。小さいランだけど、夕方になるとほのかに柑橘系の香りがします」

内村　優

毎月なにかしら暮らしのなかでランが咲く

　タイ旅行に行った際、空港のなかでお土産物として売られていたフラスコ苗*を買ったのがランとの出会いだったという内村さん。フラスコからの苗の出し方や、その後の育て方を地元のラン愛好家団体に相談に行っているうちに、自分も団体に参加。
「団体に入っていると先輩会員の分け株を譲ってもらえることがよくあります。そうやって、なかなか手に入らないランを栽培できるのは大きなメリット」
　しかしおかげで、今はもう置き場が一杯になってしまったそう。また、先輩愛好家から直に指導を受けられるのも大きなメリットだという。
「ネットにはたくさんの情報が出てますが、曖昧なものも少なくありません。実際に、どんな場所でどんな育て方をしているのか。ニュアンスを感じ取りながらリアルで教えてもらえるのは得がたい機会ですね」

ベランダの物干し竿には、洗濯物はほぼ干せない状態。高温性のランが多く「冬前の、部屋に取り込む時期になると入りきるか毎年ドキドキします」

リビングの一角の2坪ほどのスペースには、引き戸の栽培ケースなどが置かれる。生活空間との間には、ビニールのカーテンを吊し、湿度を高くキープ。

※フラスコ苗＝内部を無菌状態にしたガラス器とそこに入れた培地にランの種子をまいて発芽させたもの。

PART 2
LIFE
WITH BIZARRE PLANTS
~HIGH HUMIDITY~

子どものころから夢だったラン栽培に夢中

カトレア フェアリーランド'ハニーグラフィティ'。名前の通りの蜂蜜色の花で、リップに赤のアクセントが入るコンパクトなカトレア。

ファレノプシス ソーゴビビアン バリエガータ。花弁に筋模様が入った小さめの花をたくさんつける品種。「バリエガータ」は「斑入り」の意味。

バンダコスティリス ピンキー'レッドダイヤモンド'。細弁の赤い花をたくさん咲かせる品種。バンダのなかでは育てやすく、花も咲きやすい。

maria28_sp

maria28_sp　園芸・植物歴／20年
現在のおもな栽培植物／着生ラン
Instagram／@maria28_sp

ランの花だけ
ではなく
葉にもこだわりたい

　美しく咲くランに魅入られ、小学生のころから東京ドームで開かれる世界らん展などに行っていたというmariaさん。自分で収入を得られるようになるとともに自分が欲しいランを買っては育てるようになった。

　珍しいものもたくさん育てているMariaさんだが、見かけるとつい買ってしまうのが斑入りの株。斑入りとは左ページのファレノプシス・ソーゴ　ビビアンやカトレア フェアリーランド'ハニーグラフィティ'のように、緑色の葉に、白や黄色の模様が入ったもののこと。
「普及している品種であっても、葉に斑が入ったものはレア。衝動買いしてしまうことも少なくありません」

　斑入りの個体は葉に葉緑素が少ないため育ちが遅かったり、育て方にクセのあるものもある。そういった難易度の高い株を育てこなすのも、また楽しいものなのだという。

比較的強い光が必要な種類を冬季取り込むための棚。LED電球は光の強さ、波長などを吟味して、必要とあらば海外から購入することもあるとか。

高温性のランを取り込む棚。上段、下段それぞれLED照明を日中12時間つけて管理。USBファンを使って、空気の流れが常にあるようにしている。

Column by Masataka Shimizu

肥料を使いこなす その2／生育ステージでの使い分け　清水柾孝

特に高温性のランを日本の気候で育てる場合、
どれだけ早く生育をスタートできるかで
生育できる日数は大きく変わってくる。
鮮やかにスタートダッシュを決め、
速やかにトップスピードまで持っていく施肥のポイントとは？

生育期と花芽分化期で肥料を使い分ける

基本的な考え方は以下の通り。
●生育期には株をつくるためにチッ素分をしっかり与える。ただし、チッ素だけを与えると生育のバランスがくずれるので、チッ素とカリ（NとK）が多めの肥料を使う。
●花芽分化期にはチッ素を控えるか、与えない。与えるのであればリン酸分が多めの肥料を与える。

肥料は、この考え方をベースに与えるのがよいでしょう。さらなる成長のためには、以下のポイントがあります。

生育開始の前に施す肥料で、発芽、発根を促す

「肥料を使いこなす #1」でも説明したように、リン酸分には根や芽の発生と伸長を促す働きがあります。植物が生育するためには水と栄養が必要ですが、それを植物体に供給するのは根です。

盆栽では幹や枝を切るだけではなく、根を切り詰めることで地上部の大きさをコントロールします。ランの場合、特に鉢に水ゴケ植えにした着生ランの場合は、あまり鉢を大きくすると、加湿で根が傷みやすくなるため、水ゴケの量が多くなるのを避けるため、過度に大きな鉢には植えません。しかし、限られた鉢の中に、できる限り根がたくさん張った方が生育がよく、結果的に花の大きさや数にも影響してきます。

カトレア、デンドロビウム、クロウェシアなどでは、生育期になるとともに新芽が発生し、そこから根や葉が出てきます。

生育に適した時期が訪れたら、根と葉を早く出させれば、その後の生育もスムーズで、充実した株に仕上がります。リン酸分の中でも「亜リン酸」が新芽や根の生育向上に繋がります。通常のリン酸に比べて植物体内への移行性が高く、効果が期待できます。

未発根の抜き苗や、未発根現地球にも有効

芽吹きの時期が近づいたら、亜リン酸やカリ分が多めの配合になっている肥料を株に与えます。植え込み材にごく薄く希釈したものを施すほか、株全体にスプレー散布してもよいでしょう。植え替え直後で根が活発ではない株には、特に注意し、液体肥料であれば5000〜1万倍を目安に薄めに希釈して施します。

前年からの持ち越し株だけではなく、コンポストを落として国内に持ち込まれた株にも同様の管理をしてもよいでしょう。ここまで主にランについて説明していますが、パキポディウムのグラキリウスやイノピナツムの未発根株を同様の施肥管理で発根させ、今も育てています。

コーデックスでも同様の働きが期待できると思いますが、試すのであれば、冬以降の気温が上がってからの時期をおすすめします。

しみず・まさたか／東京農業大学大学院修了後、園芸資材メーカーに勤務。栃木県出身。9歳の頃からラン栽培に親しみ、20代にして栽培歴20年。

PART 3

WORK

WITH
BIZARRE
PLANTS

三章 珍奇植物と働く

おしゃれなインテリア似合わせた観葉植物を置いた
カフェや雑貨店、ヘアサロンは昔からあるもの。
だが今は、見た目をよくするため以上の想いを持って
植物を置く様々な店が登場しはじめている。
あなたのそばにも、こんなお店があるかもしれない。

PART 3
WORK
WITH BIZARRE PLANTS

壁いっぱいに ビカクシダが吊られている ヘアサロン

Mignon maisonの店内。「お客様の目に触れる部分にも飾っているので、清潔感には気をつけながら、あまりうるさくならないようにしています」

mignon maison

ミニヨン メゾン　東京都墨田区業平3丁目4-16　電話：03-6658-8553
現在のおもな栽培植物／ビカクシダ
Instagram／@cv.yasu

白を基調にウッディな什器を合わせた店内。インテリアに合うように流木をアレンジし、ビカクシダを吊っている。ウィリンキーmutasi01とコットンクラウド。

壁いっぱいに
ビカクシダが吊られている
ヘアサロン

待合スペースの壁面には自慢の株がずらりと吊られている。

P. ウィリンキー セルソ タツタ。サロンのウェイティングスペースの壁にかかる、巨大美麗株。

P.ウィリンキー Baileyi。先端が細かく分岐する細葉を長く伸ばす品種。「まだまだ子株ですが、素質は十分。これからの成長が楽しみです」

mignon maison

室内でも
LEDを使って
バッチリ管理

104ページの店内の閉店後の様子。店内にあるビカクシダを全て1箇所に集めて、LEDの光を当てる。赤青LEDと白色LEDを併用している。

　東京都墨田区。東京スカイツリーにほど近いロケーションのミニヨン メゾン。それぞれの町に個人経営のヘアサロンがあるが、ここまでビカクシダが置いてある店はそう無いはず。

　店をビカクシダで一杯にしてしまったのは、サロンオーナーの高野泰幸さん。もともとはティランジアや着生ランも育てていたが、今はほとんどビカクシダオンリー。「同じ親から出た胞子培養の株でも個体差があるし、同じ個体の兄弟株でも育てる環境で出来が全然変わってきます。そこを作り込んでいくのが面白いですね」

　そう言うだけあって、室内栽培でもひ弱に育てるようなことは決してしない。閉店すると店中の株を1箇所に集め、LED照射。元の場所に戻すのはほかの人に任せられないので、朝は遅刻できないし、風邪で休むこともできないのだという。

P.ウィリンキー Aplus。細くてよく広がる葉を分岐させるタイプのウィリンキー。株が充実して細い葉がみっしりと繁茂すると壮観な株になる。

波打つような葉を出すホワイトギズモ。特に形にこだわりたい株は、高出力のLEDで個別に光を当てている。

107

PART 3　WORK

WITH BIZARRE PLANTS

仕事の間もティランジアの顔を見に行ける店

お客様が座るセット台の後ろには自作の栽培ケースが置かれる。仕事が途切れたときなどに、ちょっと温湿度の管理をしたり、シリンジができる環境。

hair Natty

ヘアーナッティ　京都府京都市西京区樫原井戸17-7　電話：075-392-6103
現在のおもな栽培植物／ティランジア
Instagram／@nattyplant

好きが高じて植物店までオープン

店の中にティランジアを置いているヘアサロンはよくあるが、栽培ケースまで置いている店はまずないのではないだろうか。それをやってしまっているのが京都のヘアーナッティ。
「店内に飾るというより、栽培場を作ってしまったという感じです」と語るのは、サロンオーナーの村上尚之さん。村上さんがティランジアに初めて触れたのは10年ほど前。
「最初はほかのお店のように、ディスプレイとして置いていました。その後、サボテンや多肉植物なども育てたのですが、着生根を出して流木にしがみついていく姿にとりつかれ、今ではティランジアをメインに育てています」
今では好きが高じて数が増えたのもあり、ティランジアなどの着生植物を販売するネットショップ「Natty Plant」まで開業してしまったという。

左ページの奥に写っている栽培ケース。奥と両サイドはLEDの光を有効に使うために銀色のシートで囲っているが、手前は開放にして観賞できるつくり。

店内にもう一つある栽培ケース。こちらは観音開きの戸棚の中にLEDライトを入れている。いずれのケースもジェックス　クリアLEDパワーⅢを12時間照射。

ティランジア・キセログラフィカ。「丹精な形にまとまった株よりも、葉がそれぞれ自由に動くような、ちょいワイルドな姿に仕上げるのが好きです」

T.バンハイニンギィ。「個体差が大きく、一つとして同じ形の株がないのが面白い種。気に入った株姿のものを、じっくり作り込んでいくのが面白いですね」

PART 3 WORK
WITH BIZARRE PLANTS

テントにデンドロビウムがそよぐバー

店頭のテントには厳冬期を除いて着生ランが吊され、風にそよぐ。東向きのロケーションで終日日が当たる環境ではないが、開花するまでに株は充実する。

初夏が訪れると咲くデンドロビウム・アフィラム。下垂する独特の株姿に、春らしいピンク色の花が咲く。この花が咲くと、福岡も日に日に暑くなりはじめる。

店内は基本的にスタンディング。オリジナル焙煎のコーヒーとと、オーナーの原田さんの趣味が前面に出たワインのラインナップにはファンも多い。

店頭のランの多くは、デンドロビウム属。「暑さ寒さに強く、冬に店内に取り込んだときの乾燥にもよく耐えて花を咲かせてくれるものが多いです」

ÉCRU

エクリュ　福岡県中央区天神3-4-1 1F　電話：092-791-6833
現在のおもな栽培植物／着生ラン
Instagram／@ecru_fukuoka

地元で愛される
コーヒーと
ワインとランの店

　福岡県の天神は、「3年続けば老舗」といわれるほど、新しい店ができては潰れていくサイクルが早い町。その天神にあって、早10年近く愛されているのがこのエクリュだ。

　通りに面した側はほぼガラス張りのこじんまりとした店内には、隅々まで店主の原田達也さんの美意識が貫かれている。オリジナルのコーヒーしかり、厳選された自然派ワインしかり。そして、店頭で風に揺れるランもまたしかり。

　元々ランが好きで自宅でも育てていた原田さん。最近は、滞在時間が長い店での栽培のみに切り替え、それとともに栽培の中心はデンドロビウム属に。
「着生ランの多くは湿度を好むものが多いので、冬にエアコンをかけたときの乾燥で傷んでしまうことがあります。デンドロビウムは比較的乾燥にも強いので、店の環境に合っているようです」

太い多肉質のバルブ（葉）を持つセイデンファデニア・ミトラタ。雨を浴びてむき出しの根や葉が瑞々しい姿を楽しめるのも、ÉCRUを訪れる楽しみ。

ジュメレア・コモレンシス。アングレカムに近縁で、距（花の後方に長く伸びた器官）が特徴の、白く可憐な花を咲かせるラン。

PART 3
WORK
WITH BIZARRE PLANTS

緑豊かな店内に ランが咲く ヘアサロン

オリーブ、コニファーが植栽されたエントランスまわり。店内だけではなく外にもグリーンがあることで、店全体が緑に包まれている印象になる。

上着を掛けるハンガーラックにかけられたデンドロビウム。下垂する観葉植物として人気のリプサリスやフペルジアとひと味違う株姿が味わい深い。

鉄骨がむき出しのリラックスした雰囲気の店内。高い位置に植物を吊すことで、空間の高さをより意識することができ、より広々とした印象を受ける。

トルソーなどと一緒にデンドロビウムがディスプレイされたコーナー。デンドロビウムはアフィラムとアノスマムを一つの板に着生させている。

highland.

ハイランド．福岡県飯塚市横田66-5三木ビル1F　電話：0948-21-7087
現在のおもな栽培植物／着生ラン
Instagram／@uenokyohey

地元で愛される
コーヒーと
ワインとランの店

　九州には、福岡を中心に比較的若い世代でランを育てている人が多いという。その理由の一つは、福岡市の薬院にあるプラセールワークショップ。

　グラフィックアーティストの内田洋一朗氏のショップで、内田氏のアート作品やアパレルを中心に扱っているのだが、それと一緒に原種ランが販売されている。

　氏の作品を見たり買ったりしに訪れる情報感度が高くて、センスがいい若者の中には、ランに興味を持って育て始める者もいた。highland.店主の上野恭平さんもそんな若者の一人だった。

　上野さんが開いたヘアサロンには、いつしかランが増えていき、店の随所にデンドロビウムを中心としたランが飾られるようになり今に至る。リラックスした雰囲気の店内には、自然に枝垂れる下垂性デンドロビウムがよく似合う。

肉厚のバルブ（葉）をもつデンドロビウム・リンギフォルメ。多肉植物のようなバルブとワイルドな根の組み合わせで、存在感のあるオブジェに。

観葉植物が飾られているのかと思いきや、ここにあるのも全てデンドロビウム。アグレガタムやアフロダイトなど全て異なる種で、株姿の変化が楽しい。

PART 3
WORK
WITH BIZARRE PLANTS

ナチュラルなインテリアにしっくりなじむ野趣溢れる着生ラン

多肉質でボリュームがあるバルブを持つセイデンファデニア・ミトラタは観葉植物としても存在感十分。右の壁に掛かるのはシンメトリーな株姿のバンダ。

西冨屋コロッケ店＆西冨なつき

にしとみやころっけてん　京都府京都市下京区河原町通松原下る植松町735
電話：075-202-9837
現在のおもな栽培植物／着生ラン、ビカクシダ
Instagram／@n.natsuki_

板に着生させたりバスケット仕立てにすると溢れるように伸びる着生ランの根は、ほかの植物ではなかなか楽しめない観賞ポイント。

ナチュラルなインテリアに
しっくりなじむ
野趣溢れる着生ラン

デンドロビウム・プリムリナムを流木に着生させ、荒々しい根が伸びるままにした野性味あふれる株姿が、存在感のあるオブジェに。

ディスプレイ用のフレームに納められたカトレア・セルヌア。乾燥に耐える小型のカトレアは、コルクが乾いても大丈夫なので、ドライものと並べられる。

葉の形や株姿が多様なランは、シーンに応じて使い分けられる優秀な観葉植物ともいえる。上はハリのある厚い葉を出すデンドロビウム・アグレガタム。

店内のディスプレイに混じって、飾られている着生ラン。葉が無く、根で光合成をする珍奇なラン、キロスキスタが日常空間に現れる唐突さが面白い。

どこにでも吊せる着生ランは、インテリアのアクセントとしても使い勝手よし。「鉢だと鉢がうるさく感じますが、流木などの着生材は目になじみますね」

西冨屋コロッケ店&西冨なつき

コロッケとラン 意外な組み合わせの 理由とは？

　京都、河原町通り沿い。五条大橋のほど近くにある西冨屋コロッケ店。創意溢れるコロッケといっしょにワインやビールが楽しめる店として人気のコロッケ店だ。その店内の各所には、着生ランの姿が。

　白を基調にウッディな風合いを合わせたナチュラルな質感の店内に、流木やコルクにつけた着生ランがマッチし、調和の取れたインテリアになっている。

　見れば、随所に置かれたランのいくつかはガラスのフレームに納められてディスプレイされている。「実はこれ、妻がつくったものなんです」と店主の西冨学さん。奥さんのなつきさんは、ステンドグラス作家で、最近はランやビカクシダなどの植物を飾るためのディスプレイも作っているのだとか。

　思いもよらない形に着生するランと、無機質なガラスと金属の意外な出会いが面白い作品だ。

「バルブも葉も多肉質なカトレア ハウユアンエンジェル'ペコ'は多肉植物のようなボリューム感がありますね。もちろん、飾るとき以外は明るい場所で管理してます」

インテリアとして飾る着生ラン、シダ類も、普段は明るい戸外で栽培。「適切な日当たりで育てた方が姿がよくなりますし、花も楽しめます」

ナチュラルなインテリアに
しっくりなじむ
野趣溢れる着生ラン

西冨屋コロッケ店＆西冨なつき

西冨なつきさんのガラス作品。シャープで無機質で、どこかはかなげなたたずまい。そのままオブジェとして置いても楽しめそうな感じ。

デンドロビウム・ウェンフェン。種類にあった育て方をすれば、フレームに入れたままで花を楽しむこともできる。フレームから外して育ててもよい。

トキワシノブ。フレームの硬質な直線を、シダの柔らかな葉がふんわりと包み込んでくれる。異なる質感のコントラストが楽しい組み合わせ。

マキシラリア・ポルフィロステレ。早春に小さな黄色い花を咲かせる。上に向かってスッと立つ株姿。これは葉の中心に斑が入る個体。

エピゲニウム・ナカハラエ。横に這うようにして新しいバルブを出し、細い根をたくさん伸ばす。静的なフレームと動的な植物の姿の対比が美しい組み合わせ。

上／西冨なつきさんの展示、販売会は日本各地で開催されている。写真は東京での展示の様子。
下／デンドロビウム・ビフォリウム。

PART 4
POTS
WITH
BIZARRE
PLANTS

四章 珍奇植物のための鉢

珍奇植物も市民権を得つつある昨今では、
現代的なスタイルで鉢と植物を合わせて
楽しむカルチャーも一定の成熟を見せている。
そんな今、注目を集めている
3ブランドを紹介する。

PART 4 **POTS** FOR BIZARRE PLANTS

'TOKY'

珍奇植物ブームの始まりごろから、鉢と合わせて植物を
楽しむことを提案し続けてきたTOKY。
洗練されたセンスと、物作りに対する強い信念に支えられた
鉢のラインナップは定評が高く、ファンも多い。
SNS中心とした植物カルチャーの一翼を担っているといっても過言ではない。

1／人気のサイドワインダーポット。原型をもとにしたインダストリアルバージョン。
2／釉薬は、染め付けで使われる呉須。これを上から流しかけた鉢。伝統的な釉薬が、無骨で大胆な造形と出会うことで、見たことの無い鉢に仕上がっている。
3／表面には「飛びカンナ」と呼ばれる、木目のような微細な地紋があるのが分かる。手触りでも味わいたい一鉢。

トーキー
東京都中央区東日本橋3-3-17 RE-KNOW東日本橋5C　電話:03-3527-2767
Instagram／@toky.jp　http://toky.jp/

4

5

6

4／白一色でマットな風合いから、静的でスマートなスタイル。
5／レモンイエローの雫が垂れたような釉薬がポップな、ドロップボウルポット。一鉢ごとに異なる釉薬のかかり具合の中から選ぶのも楽しい。
6／3号の深鉢という使用頻度の高いアイテム。色は黒だが、窯変で微妙な表情がある。黒のプラ鉢に飽き足らなくなったら、コレクションをこんな鉢に植え替えてみたい。

PART 4 POTS FOR BIZARRE PLANTS

'amane'

独特のテクスチャーを持った鉢を次々にリリースするamane。
伝統的なモチーフをまとった鉢から、挑戦的なオブジェのような鉢まで、
バランスよくセンスのいいものが並ぶ品ぞろえはさすが。
長年にわたり各地の陶器産地で培われた技法や美意識を再解釈し、
現代的な生活空間の中に提案する。

①

②

③

1／錆びた金属のような独特の風合いと、欠けたようなエッジの処理で、焼き上がったときから年古りたる風情。
2／合わせる植物が難しそうな鉢色だが、肌に青みを帯びたアガベなどがよくなじみそう。
3／あえてすんなりとした株姿の柱サボテンを合わせるか。それとも溢れんばかりに繁茂するユーフォルビアのタコものでも合わせるか？　想像を誘う鉢。

アマネ
Instagram／@amane_official
http://www.amane-shop.net/

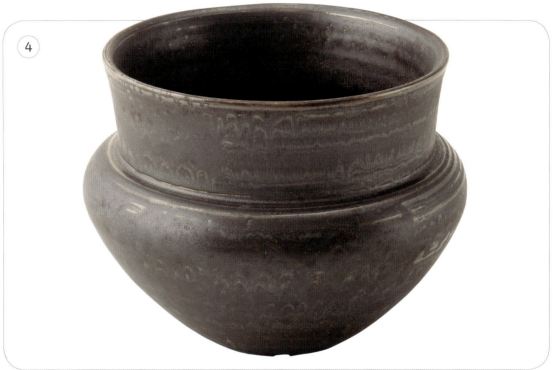

④

⑤

⑥

4／マンガン釉特有の風合いと質感から生まれる、仏具かなにかのようなたたずまい。思わず手に取りたくなるような暖かみも兼ね備える。
5／煤のかかった金属器のごときテクスチャー。直径7cmあまりだが、持ち重りのしそうな重厚感を感じさせる。
6／プレモダンともモダンとも取れるような、時代を超えた軽快な風合い。沖縄で長く製陶に取り組む作家の作品。

123

PART 4 **POTS** FOR BIZARRE PLANTS

'KAMIYAMA' かみ山陶器

滋賀県の信楽といえば、1300年の歴史を持ち、
日本の日本六古窯の一つにも数えられる陶器の一大産地。
かみ山陶器は、その信楽にあって半世紀にわたり焼き物を作り続ける名窯。
独特の粗い肌とひなびた色合いの釉薬など、信楽らしさを活かしつつ、
今を生きる植物好きの感性に訴える鉢を生み出す。

①

②

③

1／モノトーンに塗り分けられた丹精なフォルムの鉢。微妙に縁をゆがめて「ハズし」ているあたりがさすがの造形。
2／土の肌と釉薬の、誰の目にもなじむコンビネーション。様々な植物に合わせやすそう。
3／使いやすい5号サイズの菊鉢。デザイン自体はオーソドックスだが、表面にいぶし銀の釉薬がかかり、うるさすぎない主張をしつつ使い倒せる鉢。

かみやまとうき
滋賀県甲賀市信楽町長野681-1　電話:0748-82-0266
Instagram／kamiyama_touki
http://www.kamiyama-touki.com/

4／スクエアな形にポップな色味の現代的な表情の鉢。でも手に取ってみると、信楽らしさを感じさせる素朴な手触り。
5／深鉢の代わりに使える観音竹鉢。かけられた釉薬からうっすらと土の色が透けて見え、暖かみのある色合いになっている。
6／職人の手による手づくり鉢。釉薬の濃淡と手づくりならではのロクロ目でひとつひとつ個性がある飽きの来ない一鉢。

Column by Masataka Shimizu

なぜ花が咲かないのか

清水柾孝

しっかり育てているつもりでも
ランの花が咲かない。
株の状態なのか環境のせいなのか。
自分の環境と株を見直してみよう。

充実した株にならないと花は咲きにくい

　様々な理由により充実した株に育たないと、花を咲かせることができません。水、日照、肥料などの生育に関わる要素の過不足があった可能性があります。

　「過不足」と書いたのは、足りないだけでなく過剰すぎる際にも花芽がつきにくくなるからです。

　水が足りなければ株が貧弱になりやすいですし、多すぎれば根腐れを起こして水や栄養分を吸うことができなくなり、結果的に株の生育が鈍ってしまいます。

　日光が足りなければ十分な光合成ができず株が成熟しませんし、極度に強い光を浴びれば葉が傷んで光合成量が減り、株の体力が減ります。

　肥料の中でもチッ素を多く与えすぎると株を成長させる栄養成長が続き、花芽がつきにくくなります。

生育を促す要素を使いこなす

　p58、p102のコラムではN（チッ素）、P（リン酸）、K（カリ）の働きを中心に紹介しましたが、そのほかにも植物の生育に関わる要素はたくさんあります。市販されている肥料や活力剤に含まれる成分について簡単に説明します。

鉄とマグネシウム

　鉄（Fe）やマグネシウム（Mg）はクロロフィル（葉緑素）をつくるのに必要な要素です。不足すると葉の色が薄く、黄色っぽくなってきます。こうなると光合成のパフォーマンスが下がるため、生育が鈍ってしまいます。

　いずれもN、P、Kほど必要な要素ではありませんが、たまに与えるとよいでしょう。

　与えすぎるとほかの要素を吸収しにくくなったりと害が出ることがあるので、過剰に与えないように気をつけて下さい。

フルボ酸、コリン酸

　水分、栄養分の吸収力を高めるといわれています。植え替え直後に与えることで、新しい芽や根の発達を助けることになり、結果的に生育期のパフォーマンスが上がり、株の充実をサポートしてくれます。

　「リキダス」にこの成分が含まれていますが、「バイオゴールドバイタル」などにも同様の効果を感じます。

　これらの資材はランだけでなくあらゆる植物で効果的だと思います。

アミノレブリン酸（ALA）

　あなたの栽培棚に通年日が当たる場合は、のならそれほど必要ない要素です。

　しかし、日照が不十分な栽培環境になってしまう場合は、使ってみる価値のある要素です。梅雨時のように、南向きの場所でも日照が不足し

がちなときにも、光合成の増進に役立ってくれる成分です。

空気の動きを忘れずに

ランの栽培において水や光、肥料などをコントロールすることはもちろん重要ですが、意外に忘れられがちなのが、空気の動きです。

空気の動きは強くなくてもよく、うちわで仰ぐくらいの風で十分です。特に着生ランの株を取り込んだ冬には、栽培空間の空気の動きを作るよう心がけましょう。

空気の動きがないとカビやカイガラムシが発生しやすくなります。また、空気の動きで刺激を受けることで、植物体はエチレンを発生させます。エチレンには茎の伸長を抑制する働きがあります。これにより株が徒長するのを防ぎ、締まった株姿をつくることができます。

葉の表面には空気が滞留している葉面境界層という空気の層があります。周囲の空気が動いていると、この層が適度に薄くなり、植物はより多くの二酸化炭素を取り入れることができ、結果的に効率的に光合成ができるようになります。

光合成ということでいえば、夜の湿度も重要です。ランには、光が当たり気温が高くなる昼間は気孔を閉じていて、二酸化炭素を取り込まないものがあります。こうした光合成をCAM型光合成といい、CAM型光合成をする植物をCAM植物と呼びます。CAM植物は、気温が下がる夜に気孔を開いて二酸化炭素を取り込みます。

気孔を開く際に鉢の中や周囲の空気に湿り気が足りないと、植物が脱水症状になってしまいます。生育ステージや季節に合わせて、夜間に株のまわりを適度に湿らせ空中湿度を高く保つことで、植物体内の水のロスを防ぎ、体力の消耗を防ぎましょう。

時には環境を変化させて刺激を与える

ランは乾季と雨季、温度や日照の変化などの季節の移り変わりを感じ取って花芽を作ります。

よかれと思って常に一定な水や日照、温暖な環境で年中育てていると、ランは季節の変化を感じ取ることができません。

乾かすべき時はしっかり乾かし、外気温が下がってきたらデンドロビウムのノビル系などは低温にしっかり当てたりと、植物が季節の変化と感じ取れるように、メリハリのきいた管理を行いましょう。

着生ランの秋から冬にかけての日照はとても大切な要素です。特にデンドロビウムやオンシジウム、カトレア、葉の厚めな植物は昼間の温度が20℃を超えないときは直射日光に当てても葉焼けせずに、立派な花が咲きやすくなります。

花が咲くためには刺激や環境の変化が必要なものもあります。

ファレノプシスとデンドロビウム

ファレノプシス（コチョウラン）は栽培技術が最も確立されているランです。30℃前後の気温で育てた後、気温20℃の環境に10〜14日置くことで花芽ができる性質があります。通年室内で育てている場合は、窓際などの温度変化を感じやすい場所で育てましょう。肥料を与える必要はありませんが、気温が20℃以上あるようなら薄い液肥を与えます。

デンドロビウムのノビル系やキンギアナム系は10月中旬〜11月中旬の1か月間にあまり水を与えず、強光を当てて15℃以下の低温環境に置くと花芽がつくようになります。

127

珍奇植物
LIFE

ビザールプランツと暮らすアイデア

2019年12月10日　第1刷発行

編者 ……………… 日本文芸社

発行者 ………… 吉田芳史

印刷所 ……… 株式会社 光邦

製本所 ……… 株式会社 光邦

発行所 ……… 株式会社 日本文芸社

〒135-0001
東京都江東区毛利2-10-18
OCMビル
TEL03-5638-1660(代表)

Printed in Japan
112191120-112191120 N01
(080009)
ISBN 978-4-537-21734-6
URL https://www.
nihonbungeisha.co.jp/
ⒸNIHONBUNGEISHA 2019
編集担当 牧野

写真提供 …… 小久保一宏
　　　　　　佐々木隆斗
　　　　　　太田敦雄
　　　　　　(ACID NATURE 乙庭)
　　　　　　山田る湖
　　　　　　河野忠賢
　　　　　　谷亀高広
　　　　　　内村優
　　　　　　maria23
　　　　　　mignion maison
　　　　　　hair natty
　　　　　　ÉCRU.
　　　　　　highland.
　　　　　　西冨家コロッケ店
　　　　　　西冨なつき

ライター …… 土屋 悟

撮影 ………… シロクマフォート
　　　　　　土屋悟

本文デザイン‥山崎友歌
　　　　　　(Y&Y design studio)

編集 ………… (株)スタンダードスタジオ

※乱丁・落丁本などの不良品がありましたら、小社製作部宛にお送りください。送料小社負担にておとりかえいたします。
※法律で認められた場合を除いて、本書からの複写・転載(電子化を含む)は禁じられています。また、代行業者等の第三者による電子データ化及び電子書籍化は、いかなる場合も認められていません。

内容に関するお問い合わせは
小社ウェブサイト
お問い合わせフォームまで
お願いいたします。

WEB SITE
https://www.
nihonbungeisha.co.jp/